养育高品格女孩

冯子舒◎主编

北方妇女儿童出版社

·长春·

图书在版编目（CIP）数据

养育高品格女孩 / 冯子舒主编 . -- 长春 : 北方妇女儿童出版社，2023.8
ISBN 978-7-5585-6695-0

Ⅰ . ①养… Ⅱ . ①冯… Ⅲ . ①女性—家庭教育 Ⅳ . ① G78

中国版本图书馆 CIP 数据核字 (2022) 第 183120 号

养育高品格女孩
YANGYU GAO PINGE NVHAI

出 版 人	师晓晖
策 划 人	陶　然
责任编辑	张道良
封面设计	天下书装
开　　本	710mm × 1000mm　1/16
印　　张	10
字　　数	84 千字
版　　次	2023 年 8 月第 1 版
印　　次	2023 年 8 月第 1 次印刷
印　　刷	旭辉印务（天津）有限公司
出　　版	北方妇女儿童出版社
发　　行	北方妇女儿童出版社
地　　址	长春市福祉大路 5788 号
电　　话	总编办：0431-81629600

定　　价　39.80 元

前　言

人们常说，女儿是爸爸妈妈的“贴心小棉袄”，家有千金自然是一件值得开心的事，但若想培养出一个出类拔萃的女儿，绝非易事。女孩就像花朵一样娇嫩，她们往往更敏感、更需要关注、更在意别人对自己的看法……在女孩的成长过程中，她们可能会产生外貌焦虑、负面情绪、自卑心理、交际困惑等一系列问题。

如今，“女孩要富养”的观念深入人心，在这种观念的影响之下，很多父母都把女儿奉为掌上明珠。在这种宠爱之下，女孩要么变成了刁蛮公主，要么成了温室里的娇花。还有一些父母看到了溺爱孩子的危害，便拿出威严的手段管教女儿，可是女儿又与父母产生了隔阂，认为父母不关爱自己。

到底如何培养出高品格的女孩呢？这让很多父母头疼不已。为了让父母理解女儿的行为，和谐地与女儿相处，有效修正女儿身上的问题，我们从为人父母的本心和初衷出发，编写了这本《养育高品格女孩》。

本书内容全面，包含家庭环境的影响、品格培养、缺点克服、情商培养以及青春期问题等八个方面的内容。书中的每一篇文章都经过了我们的精心挑选，均体现了女孩成长过程中可能出现的各种典型状况和问题。我们还结合事例对女孩或是父母的心理、做法进行详细的分析，对父母在培养女儿的过程中出现的问题进行解答，再从不同方面给父母提出相应的解决措施或是建议，指导父母更好地培养女儿。

我们希望广大父母能通过阅读本书，学会正确地与女儿相处，心平气和地培养出内心强大、品德出众、气质非凡的高品格女孩。另外，由于编者水平的有限和时间的紧迫，书中难免有疏漏之处，敬请广大读者谅解指正。

目录

CONTENTS

第一章 养育女孩，从父母的观念开始

第二章 不娇不惯，使女孩变得更优秀

第七章 正确引导，帮助女孩顺利度过青春期

第一章

养育女孩，从父母的观念开始

女孩和男孩是不同的

从女孩出生那天起，父母就应该意识到养育男孩和养育女孩是不同的。女孩有独特的成长规律，父母应该尊重这些规律，既要让女孩有别于男孩，又要让女孩在正常的轨迹中成长。

与男孩相比，女孩的内心比较脆弱，容易受到伤害，父母在教育女孩的过程中遇到的困难更多，父母应该依据女孩的成长规律进行教育。

从出生到 7 岁，是女孩身体和智力全面发展的重要阶段。在这个阶段，父母应该格外关注女儿的身体是否健康，应注意让其补充各种营养物质，让女孩能够健康成长，还要让女孩在这个阶段养成良好的饮食习惯。除此之外，这个阶段的女孩有了自己的意识，并体现于说话方式、走路姿势、思考模式等，一旦女儿出现了不同寻常的举动，父母要用一颗关爱的心对待她们，不能揠苗助长，否则会适得其反。

8 ~ 11 岁，女孩的身体开始发育。这个阶段的女孩，身高增长，子宫也开始发育。到了 11 岁左右，女孩的乳房开始发育，这个时候母亲要关注女孩的心理情况。

12 ~ 14 岁，女孩会出现初潮；15~16 岁，女孩月经周期比较规律了；17~18 岁，女孩的骨骼闭合，身高增长缓慢甚至停止长高，身体变得苗条，等等。这些是女孩正常的生理发育过程，了解了这些，父母才能更好地意识到男孩和女孩的不同，更好地养育女孩。

父母应该允许女儿做符合她们年龄段的事，过多地约束会让她们内心不平衡，时间一长便会产生心理问题。女孩成长的每个阶段的思维和情感都不同，父母不能用成人的眼光去评判女儿的行为，约束的力度要符合女孩的年龄阶段。父母要尊重女孩的成长规律，让她充分地发挥出自己的优势，做一个热情、开朗、健康的女孩。

天天的家族中大部分都是小男孩，只有她自己是女孩，所以她从小就跟表哥、堂哥等一起长大，留着短发，就连名字听起来都比较像男孩。

今年天天上三年级了。开学第一天，每位小朋友都做了自我介绍。轮到天天时，她很高兴地走到讲台上，说："大家好，我叫天天，今年 8 岁了，最喜欢的玩具是芭比娃娃……"还没等天天说完，大家开始议论起来："芭比娃娃？男孩子怎么能玩芭比娃娃呢？"

天天听到这样的话，非常伤心。老师走到讲台上说："大家不要说话了，不论男孩、女孩都有喜欢芭比娃娃的权利，况且天天是女孩。"

一位男同学站起来说："老师，为什么天天的头发和我一样短，穿的衣服也和我的一样？"老师说："每个人的爱好不同，大家不能光凭一个人的外表就下定论。"

听了老师的话，天天没有那么伤心了，但是，同学们私下里还总是嘲笑她是个假小子，这让天天非常难过，回到家看到妈妈忍不住号啕大哭起来。

看到天天哭得如此伤心，妈妈有点不明白怎么回事。过了一会儿，天天的情绪稳定下来，妈妈才试着问："天天，今天学校有同学欺负你了吗？你和妈妈说说。"

天天抽泣着将学校里的事情告诉了妈妈，妈妈心头一惊，这才意识到自己在教育女儿的过程中很少培养女儿的性别意识，以至于出现了这样的问题，对此自责极了。晚上，妈妈将这件事情告诉了天天的爸爸，爸爸也认为不能再像以前那样教育女儿了，对待男孩和对待女孩是完全不一样的，夫妻俩的意见达成一致。

第二天，天天的爸爸妈妈带着她来到商场，买了很多漂亮的裙子，还有芭比娃娃等天天喜欢的玩具。随着时间的推移，天天的头发也留长了，妈妈对天天说："我们天天是最漂亮的女孩。"天天看到自己的变化，心里非常高兴。

养育女孩，父母应该从以下三点做起。

（1）认识到女孩和男孩的不同

如果父母对这个问题认知不清，将女孩和男孩一起培养，那么她们的性别意识就会非常模糊，这对女孩来说是非常不利的。女孩性格敏感、细腻、需要安全感，父母应该根据女孩的这些特点进行教育。

（2）将女孩的品德培养放在首位

良好的品德修养是女孩健康成长的基础，良好的品德修养是女孩一生的财富，因此，父母在培养女儿时要根据女孩的成长特点、性格特点、行为方式，培养女孩懂礼貌、谦虚、自尊、自爱等品德。

（3）不能过于“宠”女孩

很多人认为，女孩比男孩娇气，因此，很多父母总是对女儿言听计从，非常娇惯。其实，这样“宠”着女儿，不是对她好，反而会让她们在不知不觉中养成很多坏习惯，坏习惯一旦养成就很难改正，甚至伴随一生。因此，父母对女儿的“宠”要有度，让她主动改正自己的坏习惯。

父亲对女儿的影响是巨大的

生活中，我们常常看到小孩子模仿大人的行为。很多女孩常常趁妈妈不在家，偷偷学着妈妈的样子涂口红、抹眼影、戴耳环……然后，觉得自己像妈妈一样美了。但是，研究发现，大部分女孩的行为习惯、行走姿势等更像父亲。

由此可见，父亲对女儿的成长有着重大影响，他们在潜移默化中影响着女儿的性格、气质甚至择偶标准等。

生活中我们常常听到有人说“女大避父”“女儿是妈妈的贴心小棉袄”。然而心理学家研究发现，母亲对女儿的影响大部分都是生活层面的，女儿性格的发展跟父亲的关系更大。民间有“父爱如山”的说法，父亲表达爱的方式往往是内敛含蓄的。但是女孩的心思往往是细腻敏感的，父亲这种内敛含蓄的爱，女儿往往察觉不到，甚至认为父亲根本不爱自己。有了这种心理，女孩就会变得不自信，看待事物往往抱着悲观的态度，甚至对任何事物都提不起兴趣。相反，假如女孩有一位善于表达的父亲，一直关注着她，给她温暖，女孩就会变得自信，即使遇到困难也会抱以乐观的态度，做任何事情也都会充满激情。

（2）父亲对女儿整体气质的影响

女孩的整体气质虽然是在一生中慢慢形成的，但女孩在幼年时与父亲的互动却能够促进或阻碍这种气质的发展。假如父亲赞赏女儿的气质，例如，女儿的新裙子、新运动鞋、新发型被父亲赞扬，那么女儿就会受到鼓舞。女儿对性别的认知与父亲在与女儿互动的过程中如何回应关系密切。另外，父亲还会给女儿传输一种特殊的气质。研究发现，超过 25% 的女孩成年后觉得自己的穿衣品位受父亲的影响很大，因为她们年幼时，穿衣服常常征求父亲的意见；39% 的女孩成年后，认为她们在父亲那里收获了更加丰富的知识，特别是在国际关系、自然科学等女孩常常提不起兴趣的方面；43% 的女孩认为自己的艺术天赋来自父亲。上述三个方面的知识都是母亲无法像父亲那样传输给女儿的。

（3）女儿的择偶标准

父亲是女儿遇到的第一位异性，由于父亲处于这个关键位置，会给女儿建立起一种男性标准，而这个标准一旦设立，便有很大的权威性。女孩往往期望身边的异性能像父亲那样对待她。在和女儿互动的过程中，父亲让女儿了解到了男性的责任心与正义感、智慧与力量、深沉和广博。当父亲在女儿面前，真实地展现出自己的男性魅力时，女孩将学会平等地对待男性、尊重男性。同时，她们也将会更加喜欢那些平等对待她们的、尊重她们的男性，而躲避那些有暴力倾向的男性。或者正如人们常说的那样：“女儿长大，嫁夫如父。”

曾有一位成年女性在面对记者采访时表示，父亲的形象就是她衡量男性的标准，父亲是最有责任感、最值得尊敬、最可爱、最有教养的人。他在她心中有至高无上的地位。她希望在未来她的另一半也能像父亲那样。

对女孩来说，父亲对自己的影响是巨大的，但带来的影响是正面的还是负面的，由父亲本人决定。女孩在成长过程中，对男性的认识正确与否通常受父亲影响。对于上面例子中的女子，她将挑选那些与自己父亲类似的男性，这说明什么呢？这说明她的父亲是成功的，父亲给她树立了一个不错的榜样——坚强、充满责任感的男士形象，使她不至于在选择伴侣时陷入迷茫。此外，在与父亲的相处中，女孩也学会了如何与异性相处。

一位妈妈发现 7 岁的女儿正和爸爸讨论天文知识，她情不自禁地想，将来自己的女婿一定是个天文爱好者。

其实妈妈的想法并非异想天开。假如说母亲与女儿的亲密关系能够给女孩带来情感的支持和满足的感受，父亲与女儿的亲密关系则使女孩认识到如何与异性相处，以及怎样与异性保持良好的关系。

女孩性格的形成与一生的幸福都与父亲有着密切关系，那么怎样才能成为一个好父亲呢？

（1）父亲需要学习一些“情感词汇”

中国的父亲往往在女儿面前略显笨拙，无法很好地表达自己的情感。在这方面，美国的父亲做得相对好一点，他们在女儿面前常常不会掩饰自己对她们的喜爱，常常将“我爱你！我为你感到骄傲”挂在嘴边。这一点，中国的父亲确实可以借鉴一下美国父亲的经验。当然，由于每个国家的文化背景不一样，中国的父亲对“我爱你”这类亲昵的话，往往羞于出口，但表扬女儿的话，如“你真优秀”“爸爸为你感到骄傲”“你真可爱”……应该能说出口吧！因此，作为父亲应该在对女孩投入更多关注的前提下，多学习一些“情感词汇”来增进与女儿之间的感情，这样“女大避父”之类的观点，就会自动消失。

（2）父亲要空出更多的时间陪伴在女儿身边

父亲担负着家庭的重担，往往分身乏术，但父亲心中必须清楚：女儿的成长比事业更重要。因此，不管父亲有多少繁重的工作，一定要分点时间给女儿。父亲更容易带给女儿安全感。缺乏安全感的女孩，在将来的人际交往中就会一直去寻找“父亲”，这样女孩就会很容易早恋、容易轻信他人。有些父亲会说：“女儿与儿子不一样，与儿子在一块，我能跟他玩射箭、打枪的游戏，但与女儿在一起，我不可能跟她玩跳绳、踢沙包吧！”其实，父亲没有必要与女儿玩跳绳之类的游戏，但可以和女儿一起从事很多“工作”。一个成年的女子讲述了她和父亲在一起“工作”的情景：幼年时，父亲常会想出一些能够打发时间的趣事，例如，让她跟他一起健身、买菜。一是为了让她锻炼好身体，培养她的生活技能。二是能够创造父女俩在一起的机会。实际上，女儿希望父亲能陪伴在她左右，并不是希望父亲能陪自己玩游戏，她只是期望博得父亲更多的关注，这样她就会在心中得到满足。

母亲也是女儿的“贴心棉袄”

大家都说女儿是妈妈的“贴心小棉袄”，但是，在女孩小的时候，妈妈才是那个“贴心棉袄”。当女儿因为受委屈而哭泣时，大部分是妈妈陪伴在身边，并将她拥入怀中；当女孩想找人诉说心事时，常常是妈妈停下手中的工作，认真地做一个倾听者；当女孩有开心的事情或懊恼的事情想要分享时，第一个想到的也是自己的妈妈。调查发现，女孩在 7 岁以前对妈妈的依赖会非常强，她们与妈妈的关系要比爸爸好；但在 7 ~ 10 岁，女孩更愿意模仿父亲，愿意与更有权威的爸爸交流；但当女孩到了青春期时，因为妈妈的“贴心”，女孩与妈妈的关系又在逐渐变好，特别是女孩进入青春期后，妈妈对女孩的关注和包容会更多一点。

（1）做暖心的妈妈

随着女孩一天天长大，情绪会变得极不稳定，她们会无缘无故地乱发脾气，但她们的情绪往往表现在与自己最亲近的母亲面前，比如，母亲因为一些事唠叨了女儿几句时，女儿往往会不耐烦地说：“妈妈，你真的好烦呀！”而此时，母亲虽然不能使女儿的心情迅速变好，但暖心的妈妈的容忍，常常让女儿的脾气有所收敛。因此，女孩在情绪平息下来后，往往会因为感受到妈妈的苦心，而与妈妈的关系变得更加紧密。

（2）妈妈是女儿的贴心好朋友

一个成年的女孩回忆说：

“12 岁的一天，我正在操场上跟同学们玩着跳皮筋，突然一个同学喊道：‘陈晓萱，你流血了！’我莫名其妙地说：‘你胡说，哪里流血了？’同学又说：‘不信你看你裤子上面，屁股那里。’我漫不经心地回头一看，裤子上红红的一大片，好大一摊血！我觉得自己肯定得了什么难以医治的绝症，顿时吓得不知所措，同学也都围了上来，她们也不知道是怎么回事，有人去找老师，有人提议要将我送到校医那里。于是我在她们的拖拽下来到了校医那里。校医是个和蔼的女医生，她看到情况后，安抚地对我说：‘孩子不要害怕，这是正常的生理现象。’我的一颗悬着的心才算落地。很快，妈妈也得到通知来到了学校，她看到我，拉着我的手说：‘宝贝，不要害怕，这个是月经，是一种生理现象，是子宫内膜出现周期性脱落及出血……’母亲耐心地给我讲解着，还把早就买好的卫生用品给我，教我怎么用。我当时感动极了，觉得母亲真是贴心，就像闺蜜一样。”

当女孩迎来青春期时，她就要承受荷尔蒙循环的周期，这就使女孩不得不以新的方式去面对生活。荷尔蒙的循环让女孩的情绪十分不稳定。当雌性激素上升时，女孩心情愉悦，身边的一切都不会影响到她，开心的女孩也会更受身边人的欢迎，毕竟谁会拒绝跟一个“开心果”在一起呢？而当体内的雌性激素下降时，女孩就会变得消极起来，心情烦躁。这种变化其实是正常的。第一次月经来潮时女孩可能会不知所措，甚至产生难以启齿的感觉，这时候，母亲的安慰最能发挥作用，能够让女孩走出惊恐，甚至可以鼓舞女孩在以后的生活中学会与坏情绪做斗争。

无论女孩处于儿童期还是青春期，妈妈都要像“贴心棉袄”一样，时刻关注着自己的女儿，给予她无私的爱。但爱有时也要讲究方法，理智的爱才会让女孩健康成长。

母亲这个榜样很重要

当女孩刚刚来到这个世界上，母亲和女儿的关系非常和谐、非常亲近，任何东西都没有办法剪断她们之间的这种脐带式关系。由于这样一种特殊的关系，女孩从小就对母亲有种特别的依恋和亲近。

通常情况下，女孩的视线是不愿离开妈妈的。细心的父母都会发现，在女孩还不会说话的时候，她就开始注视着妈妈，她的视线会追随妈妈的每一个动作。

当女孩渐渐长大，她还会寸步不离地跟着妈妈。无论妈妈走到哪里，她都会围在妈妈身边，不管是干什么，只要和妈妈在一起，女孩都会很高兴。而这其中，她们也渐渐学会了观察和模仿，妈妈的言行举止都是女孩模仿的对象。所以在女孩的成长过程中，女儿就像妈妈的影子，妈妈是什么样子，女儿就是什么样子。

然而，生活中大部分母亲没有注意到这一点，她们尽情地表现着自己对待生活的一些负面态度。

例如，一些母亲喜欢抱怨，喜欢对自己以及自己的生活表现出不满情绪。她们不断地抱怨生活不公平，不断地对别人表示不满，经常对自己及自己的生活表示厌倦……但妈妈们却没有意识到，自己的这种负面情绪很快就会传递给女儿。

曾听到过一位母亲这样的讲述：

“有一段日子，我发现自己的皮肤有些暗，脸色也不好。每次照镜子，看到自己暗黄的皮肤、憔悴的面容时，我就不由自主地抱怨起生活的操劳，并对自己的面容表示不满。

直到有一天，我 11 岁的女儿对我说：‘妈妈，我不喜欢我的相貌，我的皮肤太暗了，怎么长成这样？’我当时感到很意外。我告诉女儿，你是最漂亮的、最可爱的，可是女儿对我说：‘妈妈，每个人都不喜欢自己的样子，是吗？我看你照镜子时，总是对自己的样子感到不满意。’

我当时非常惊讶，原来我不经意间的举动，竟然对女儿有这么大的影响。”

妈妈是女儿的第一榜样。妈妈的生活态度、生活方式都会对女儿产生极大的影响。如上面的例子中，那位妈妈由于生活的操劳，对自己的容貌产生了不满，而这种不满在潜移默化中也会传递给女儿，并使女儿在年龄尚且幼小的时候，也对自己的相貌产生疑虑。这些都会吞噬女孩的自信心，对其心理健康发展也是极其不利的。

既然母亲对女儿的影响如此之大，那么，作为女孩的母亲，应该怎样做才能成为女儿的好榜样呢？

（1）让女儿感受到幸福

一个优秀母亲的榜样作用是把你对生活的美好愿望传递给女儿，并引导她追求美好、祥和的生活。保护女儿的安全，避免她们受到伤害；照顾女儿的饮食起居，使其身体和能力全面发展；给女儿足够的关爱，让女儿产生安全感……通过母亲的身体力行，让女儿感受到生活真的很美好。

（2）教给女儿感知幸福的能力

对女孩而言，十几岁的年龄正是她们朝气蓬勃、活力四射的阶段。同时，也是她们对任何事物都感到新鲜、好奇，并且极具探索性的时期。然而，一些女孩在这个时期不但感觉不到来自生活的魅力和风采，反而对自己的生活感到无趣和没劲，不时对生活发出抱怨和无聊的感叹。那么，作为女儿最贴心的人，妈妈应该怎样做才能提高女儿感知幸福的能力呢？

首先，母亲应提高自己对生活的满意度。其次，生活中，母亲要有意识地与女儿讨论有关“幸福”的话题。母亲在引导女儿看到幸福瞬间的同时，也是在扩散幸福的含义。这种幸福感一旦在女孩的意念中扩散开来，必将引领她们走向更加美好的人生。

（3）赋予女儿有条理、有节奏的生活

对女孩的要求不要太苛刻，教她学会适当的放松。比如，当女儿遇到不会做的难题时，妈妈没有必要非让她在第一时间做出来，可以先让她放松一会儿，在她充分调节好自己的紧张情绪时，她也许就能做出正确的答案。

当然，我们并不是说要把女孩区别于男孩来对待。只是，在培养女孩时，尤其是妈妈要特别注意不能过分苛责她们。适当放松一下对女孩的要求，会让她们学会有节奏地生活，学会享受生活的美好。

我和哥哥不一样

小时候，我和哥哥长得一模一样。

幸福是什么

妈妈，什么是幸福？
幸福就是你用心感受生活中的每时每刻。
幸福是理解。
我不是故意的。
妈妈知道你不是故意的。
幸福是分享。
晶晶，这本书很有趣，我们一起看吧！
你真好！
幸福是期待。
周日，我们一起去游乐园吧？
太棒了！
幸福是陪伴。
妈妈，我想体验一下雨中奔跑的乐趣。
好哇，妈妈陪你！
妈妈，我现在感觉幸福极了！

父母的态度决定女儿的未来

女孩往往比男孩早熟，当同龄的男孩还无法说出一句完整的话时，女孩已经可以很好地与他人交流了；当同龄的男孩还在玩弹弓和玻璃球时，女孩已经能歌善舞了；当同龄的男孩还在聚众打架、惹是生非时，女孩已经可以很好地处理人际关系了。但随着女孩的一天天长大，这些优势也在一天天减少，有些甚至消失不见了，很多女孩的父母这时会不知所措：为什么我的女儿越来越笨了呢？

事实上，女孩并不是越来越笨了，而是女孩到了新的生长阶段。青春期之前，女孩的智力发展得往往比男孩快，这时的女孩在学习方面会比男孩出色许多。但到了青春期，由于受身体激素的影响，女孩的身体与情绪都发生了很大变化，这样就会影响智力的发育。但需要明确的是，这并不是影响女孩智力发展的关键因素。儿童心理学家表示，父母在与女儿交往时表现出的态度往往决定着女孩的未来。女孩通常很敏感，对父母的态度非常重视。对此，儿童心理学家得出了这样的论断："父母的行为、态度在不知不觉中影响着女孩，不仅影响着女孩的三观——人生观、价值观、世界观，还影响着女孩的自我认知。假如父母眼中的女孩诚实正直，女孩就会向这个方向发展；假如父母眼中的女孩自私怯懦，女孩就会陷入自我怀疑当中。”

但在现实生活中，女孩的父母又是如何看待自己的女儿的呢？

女孩考试不及格，母亲神情严肃，厉声斥责：“你怎么这么笨，你看看别人家的孩子次次都能拿满分！”

女孩把自己的剪纸递给母亲看，母亲没好气地说：“天天就知道弄这些乱七八糟的东西，就不能把心思多放在学习上吗？”

女孩新买了一件连衣裙，高高兴兴地跑去问父亲好不好看，父亲皱着眉头说：“真难看，女孩要多学知识增加自己的内涵，天天穿得花里胡哨的给谁看！”

……

女孩天生敏感，说者无心，听者有意，最亲近的父母这样看待自己，她的心里将受到多少伤害呀！这样会使女孩丧失积极性与自信心，会阻碍女孩的全方面发展。

作为父母，可能不会想到，也许就是因为母亲跟女儿说了句“你怎么这么笨”，女孩从此对学习失去了兴趣；也许正是因为母亲的一句“天天就知道弄这些乱七八糟的东西”，女孩从此不再去剪纸；也许正是因为父亲的那句“真难看”，女孩便觉得自己追求美是一件羞耻的事情。

那么，父母到底应该以什么样的态度对待女儿呢？下面是一些父母养育女儿的经验之谈，我们不妨来听一听。

“女儿5岁的时候，我给她买了一个画板，她开心极了，每天都在上面画自己喜爱的动物、植物、卡通人物。她大学毕业后，按照自己的兴趣找了一份插画师的工作，薪水很不错，她也很喜欢自己的工作。”

“女儿小时候很喜欢剪纸，虽然剪出的图案有点四不像，但为了不打击她的自信心，我鼓励她说：‘宝贝，你太棒了，剪出的东西太可爱了！’她现在自己开了一家剪纸教学室，很多人都慕名去学习，生意很红火。”

“女儿小时候很爱美，喜欢各种公主裙，每当她过生日的时候我都会送她一件，她很喜欢，私下竟然自己用旧布料做了一件公主裙，虽然针脚缝得歪七扭八，但十分有创意，我毫不吝啬地夸赞了她，她高兴极了。现在她长大了，如愿当上了服装设计师，也找到了自己心仪的另一半，生活过得美满幸福。”

每个女孩都像是泥土里的一粒种子，在未出土之前，我们不知道它将来会长成什么，或许是一朵芬芳四溢的玫瑰，或许是一棵直冲云霄的大树，或者是一棵默默无闻的小草……但每一个生命都是值得被赞颂的，每一个生命都有自己存在的价值，那么怎样才能让女孩看到自己的价值呢？

（1）发挥女孩人际交往的天赋

有的女孩天生喜欢沟通、社交，她们喜欢和各种各样的人打交道。如果父母多鼓励女儿在这方面发展，女孩将会更好地处理人际关系，更好地为自己与他人服务。

一位父亲曾这样交流自己的经验：

“女儿上小学时，一次我去接女儿放学，刚走到校门口，发现她正站在两个小朋友中间滔滔不绝，那两个小朋友都低着头，像是两个认识到错误的孩子一样。一问才知道，两个小朋友打架，女儿去劝架，最后两个小朋友顺利和解。知道这个情况后，我夸赞了女儿，女儿也高兴得手舞足蹈。知道女儿有人际交往方面的天赋后，我就经常锻炼她，家中来了亲戚和朋友时，我都让她去招待，久而久之，女儿成了一个交际小能手，可以游走在各色人群中。现在女儿有了一家自己的公司，手下员工几百人，她都能应对自如。”

相比男孩，女孩更有语言天赋。因为女孩大脑比男孩大脑发育得早，所以女孩更擅长语言的使用，女孩 3 岁时就可以很清楚地用语言表达出自己的想法，而男孩要到 4 岁才能达到同等水平。女孩长到 16 岁时，连接其左右大脑的胼胝体比同龄男孩大很多，这促使她左右大脑可以更频繁地交流，更容易用语言表达思想，甚至女孩大脑负责语言和写作的区域也更加活跃，所以女孩的语文成绩往往比男孩要好。

正是由于女孩天生有语言天赋，所以父母更应该鼓励女孩表达自己内心的感受、观点。在这个时期，父母的鼓励对女孩语言天赋的发挥有极大的影响。

一个女孩曾这样骄傲地说：“有一次，学校组织演讲比赛，我很想参加，但又怕得不到名次，让人看笑话。正当我犹豫不决之际，父亲过来询问我发生了什么事情，我告诉了他事情的原委，父亲对我说：‘女儿，想参加就去报名吧，就算得不到名次也没关系，你永远是爸爸心中最优秀的女儿。’后来，再遇到类似的情况时，一想起父亲的话，我就会迎难而上，信心十足。”

（3）发挥女孩心灵手巧的天赋

当男孩还在为无法写好字而苦恼时，女孩已经发挥出心灵手巧的天赋了。女孩的小肌肉群发达，使她们能够充分发挥手的功能：有些女孩对针线很感兴趣，看到妈妈做针线活儿、织毛衣，她们也会找些零碎的布料缝缝补补；有些女孩能精准地分辨出色彩，所以她们很早就可以拿着彩笔，画出自己喜爱的动物、美丽的花朵、可爱的卡通人物等；有些女孩天生长着一双纤细、漂亮的手，非常适合弹古筝等乐器；有些女孩热衷于书法，写出的字行云流水，有大家风范。当女孩缝制出第一件“衣服”、画出自己的第一幅“画”、弹奏出生命中的第一个“音符”、写出第一个毛笔“字”时，父母不能站在成人的视角来评判，而要站在小孩子的视角加以赞赏。

当然，由于年龄小，女孩往往做得不够好，因此有些父母担心女儿被针扎伤，就因噎废食，禁止她们动针线；或者因为她们在雪白的墙壁上涂鸦而暴跳如雷。但是，父母只是看到了不好的一面，没有注意到女孩在无意中展现出来的天赋，他们更没有观察到，女孩的天赋是如此宝贵，如果被埋没，就永远无法展现出来了。父母会因为女孩胡闹、不听话而苦恼不已，因为嫌麻烦不让女孩参与到实际事务中，却不知道，这会在不知不觉中扼杀女孩的天赋。

适当留给女孩一些“创作空间”是必须的，对天生心灵手巧的女孩来说，父母与其扼制女儿的天赋，使亲子之间产生不愉快，不如多留给女儿一些创作空间，让其充分发挥想象力和创造力。例如，父母可以给女儿买一些画画本与彩笔，让女孩在画本上自由驰骋；假如女孩子对针线感兴趣，父母可以给女孩准备一个针线包，放一些废弃的布头儿或者毛线，让女孩自己缝制各种“作品”……

我们都很棒

1
我看她们有点儿撑不住了。
走，咱们去给她们加油！
2
马上就到了，坚持住！
加油！
谢谢你们的鼓励！
3
三分四十五秒，通过！
3:45
4
5
这几天咱们和三班跳绳比赛，你们要加油哇！
没问题，包在我们身上！
6
二百零一，二百零二……
你们真棒！

和爸爸一起放风筝

1
哈哈，放风筝喽！
2
爸爸，我不太会放风筝。
有我在，没问题。
3
爸爸，你看风筝升起来了！
跑起来！别停！
4
雪儿，摔坏没有？
哎呀！
没关系，再试一次！
5
雪儿！再试一次。
雪儿，小心点儿！
6
一次，两次，三次……
7
成功了，风筝飞起来了！

第二章

不娇不惯，使女孩变得更优秀

理性看待女孩的爱美之心

欣欣上中学后，开始变得越来越爱美。她觉得校服很不好看，再加上有些同学把校服改得很合身，于是她也央求妈妈带她去改一下校服的尺寸。没过多久，她又想去把头发拉直。妈妈觉得欣欣现在还小，应该以学习为重，不适合过于追求打扮，就说了她两句。欣欣听后立刻反驳道："不用给我讲大道理！同学都这样，我为什么不能把自己打扮得好看一点？"这让妈妈很无奈。

假期里的一天，妈妈看到欣欣又是敷面膜，又是在镜子前摆弄头发，还画眉毛、涂口红，然后开心地出去了。女儿才 13 岁，就开始用化妆品、注重打扮了，妈妈觉得这太早了，可又不好说什么。

爱美之心，人皆有之。特别是女孩，随着青春期的来临，就会尤其在意自己的形象。对此，父母不要强制阻止，而是要正确地引导女孩。

不少父母都担心女儿太注重打扮会使学习受影响。他们觉得，女孩小小年纪就每天想着穿什么样的衣服、做什么样的发型，甚至还费心思研究化妆品，就无法好好学习。其实，女孩的这些表现是很正常的现象，在可接受的范围内，妈妈可以适当地满足女儿，千万不要一味地反对、说教，甚至责骂，这样不仅达不到教育的效果，还会让女孩产生逆反心理，影响亲子关系，女孩甚至会因此变得叛逆。妈妈可以从以下几个方面引导女孩正确追求美。

（1）帮女孩树立正确的审美观

女孩年纪还小，还没有形成良好的审美观。面对一味追求外表美的女孩，妈妈要帮助其树立正确的观念，从而避免女孩盲目追求不恰当的美。妈妈要告诉女儿，美绝不仅仅是浮于表面的装扮，更重要的是美好的内心和独特的气质。所谓“腹有诗书气自华”，内心充实坚定，并充满自信、真诚乐观的人，会拥有很大的人格魅力，这种魅力很容易感染到其他人，是无论如何修饰自己的外表都无法塑造出的一种气质美。妈妈要让女儿明白这些，帮助女孩树立正确的审美观，从根本上引导女孩变美。

（2）教女孩学会穿衣打扮

女孩爱美的方式大多是买新衣服打扮自己，但她们并没有很好的判断力，很多时候只会跟随潮流，模仿大众，这样做很可能买来的衣服或搭配风格完全不适合她们。因此，妈妈要在穿衣打扮方面给女儿以指导，教她们穿适合自己的衣服、梳适合自己的发型，要让女孩明白，穿着打扮的风格要因人而异，要与自己的年龄和身份相符，流行的不一定适合自己，不要盲目从众。

（3）教女孩正确认识化妆品

有的女孩出于好奇和爱美的心理，可能会过早地接触化妆品。对此，妈妈要正确引导，告诉女儿那是成人的用品，她们年纪还小，现在不适合也没必要用。妈妈要耐心地给女儿讲清楚，化妆品可能会损害她们的皮肤，可以等长大了再慢慢接触；而且她们正处于青春期，身体正在生长发育，使用化妆品不利于皮肤的健康生长。同时，妈妈也要让女儿明白，她们健康自然的状态才是真正的美，不需要通过化妆来雕饰。

（4）让女孩不盲目追随潮流

不少女孩追求美时会受网络潮流的影响，还不能理智地分辨和对待那些潮流，因此会盲目从众。妈妈要教导女儿理智地对待所谓的潮流，不要陷入其中而失掉自己的个性，要有思想，保持自己的独特性，勇敢地做自己。

别让女孩成为“爱哭包”

一提到女生，很多人总是容易想到“女人都是水做的”这句话，好像在大众的印象里，女生都特别爱哭。其实，哭本身没有什么问题，但如果是发脾气哭闹惹他人生气，或者故意耍性子，或者太脆弱、自尊心太强，一说就哭，这些情况就不能不管了。

周末，江莹正在家用电脑开开心心地看直播，一会儿妈妈过来对江莹说自己有工作要处理，需要用一下电脑，晚点再让她继续看。可江莹看得正在兴头上，根本不肯让出电脑。妈妈好说歹说，江莹就是把着电脑不放。妈妈一下子没忍住，厉声呵斥了江莹两句，江莹便委屈地哭了起来，这让妈妈非常无奈。其实，这种情况不是一次两次了，江莹经常动不动就哭，她似乎知道自己一哭妈妈就拿她没办法。而事实也的确如此，每次江莹一哭，江莹的妈妈立刻就心软了，虽然知道这样很不利于江莹的成长，但又不知道该怎么办。

很多情况都会导致女孩哭，比如，她们觉得受了委屈、不被重视、被责骂、自己的要求没有得到满足、心情难过，甚至有时候会故意哭闹以获得原谅或同情。而一味地哭闹会让女孩变得脆弱敏感，具有依赖性，很不利于她们的成长和发展。

因此，为了女孩的健康成长，父母要重视女孩爱哭的问题，不要娇惯她们，而是要培养她们自立自强的品格，避免她们养成遇事就哭的习惯。对此，父母要注意以下三个方面。

（1）坚持原则不心软

父母要注意的一个问题是，当女儿哭的时候，直接安慰或答应她们的要求是非常不可取的，这样就相当于是在告诉她们，不管什么情况，哭就有用，哭就能得到自己想要的，哭就使别人不会怪自己……这是在变相鼓励她们利用哭泣来获取父母的疼爱，从而达到自己的目的。父母一旦让步，女儿便吸取了“成功的经验”，遇到事情就会哭泣。所以，父母的让步只会让女儿变得越来越爱无理取闹，越来越脆弱。正确的做法是，面对遇到问题而哭泣的女儿，父母一定不能心软，要先了解女儿为什么哭，或者让女儿自己说明事情的原委。然后可以帮助女儿或让女儿自己努力去解决问题，同时父母要耐心地把道理给她们讲清楚，并明确地告诉女儿哭并不能解决问题。

（2）控制好情绪，不打骂

面对女儿的哭泣，父母虽然不能妥协、心软，但也不要厉声呵斥她们，甚至打她们。有的父母看到女儿一直哭闹不听话，就会对女儿发火，这样做不仅不会解决女儿的问题，让其停止哭泣，还会让女儿感觉更委屈，哭得更加厉害，甚至开始叛逆。另外，这样做还会让女孩惧怕父母，即使女孩迫于威力暂时停止哭泣了，但会越来越缺乏安全感，慢慢地，女孩可能会变得情绪化、脾气暴躁，性格可能会变得孤僻、胆怯、自卑。所以，无论如何都不能打骂女孩，这对女孩的一生都会有不好的影响。孩子哭泣时，父母首先要控制好自己的情绪，然后再一步步去了解情况、讲明道理，最后把事情解决掉。

（3）培养女孩独立坚强的品格

这天，萧萧和妈妈一起吃晚饭，萧萧自己盛了一碗米饭，可吃了几口就不想吃了，打算去看动画片。这种事情已经发生好几次了，妈妈决定不能再放任不管了，这次要好好教育一下萧萧。可妈妈刚说她几句，萧萧就跑回房间哭了起来，怎么说也不理。妈妈对萧萧的行为很无奈，觉得她的承受能力太差了，才刚说她两句就哭成这样，而且自己也没说什么狠话。萧萧的爸爸回家后，知道了事情的原委，也觉得她的心理太脆弱了，如果萧萧一直这样受不了一点批评，就无法真正强大起来，将来步入社会必定会吃亏。他们决定要让萧萧坚强一些。

他们告诉萧萧，每个人都会犯错误，都有做得不好、不对的地方，生活中也会遇到各种各样的挫折，但做得不好就要勇于接受批评、勇于改正，遇到问题就要努力寻求解决办法，不能因为一点小事就开始哭泣，哭是无法解决问题的，要坚强一点，直面错误、直面困难。之后，每天晚上睡觉前，萧萧的爸爸都会给她讲一些名人故事，让她学习他们坚韧不拔的毅力、对抗挫折的勇气和坚强独立的品格。另外，爸爸妈妈还经常带着她去户外活动，如爬山等，以此来磨炼她的意志，让她从生活中获取力量，逐渐变得坚强、有毅力。

如果女儿比较爱哭，父母可以借鉴萧萧父母的做法，一方面，不能娇惯女儿，要给女儿讲明道理；另一方面，有意识地培养女儿的坚毅品质，让其内心变得强大起来。

让女孩摆脱胆小、怯懦的标签

现实中不少女孩没有男孩胆大，也不如男孩坚强，故而很多父母总认为女孩就应该是这样。女孩怕黑，不敢单独在自己的房间里睡觉；害怕地上爬来爬去的毛毛虫；不敢争取自己的正当利益……正因为如此，人们都觉得女孩生来就是胆小懦弱的，于是小女孩受到小男孩的欺负便成了常事。

然而，胆小懦弱并非女孩的专利，更不是天生的，她们之所以会胆小懦弱大都与后天的培养有关。而要让自己的女儿不再胆小懦弱，就需要父母从心里认同女儿的能力，鼓励女儿勇敢地迈出第一步。

5 岁的诺诺是一个非常胆小的女孩。有一次，妈妈带着诺诺出去玩耍，突然从旁边跑来一个 3 岁大的小男孩。男孩的眼睛一直盯着诺诺手里的小皮球，而且还一脸好奇的样子。诺诺看到对方的神情，不自觉地把球放身后藏了起来，然后壮着胆子喊道："你不许抢我的小皮球！"

这招似乎被小男孩看破了，他看出诺诺的胆小，于是冲上来就要抢她的小皮球，她立刻吓得大哭起来。妈妈连忙阻止了小男孩，然后对诺诺说："小弟弟比你还小呢，你为什么要怕他？来和小弟弟握个手，大家做个好朋友。"

小男孩冲着诺诺做了一个鬼脸就跑掉了。从那以后，他只要看到诺诺经过，就会跑过来打她一下，或者把她手里的东西抢走。而诺诺每次看到这个小男孩也会躲得远远的。有一次爸爸在陪诺诺玩，她看到那个小男孩朝这边走来，马上对爸爸说："爸爸，快走，那个小'哥哥'要打我。"

诺诺竟然把这个小男孩升级为"哥哥"的角色，这是许多女孩父母都感到头痛的事。由于女孩胆小，常常会受那些"坏男生"的欺负，父母又不好插手小孩子之间的事情，但是又不知道如何让胆小的女儿保护好自己。对于这个问题，诺诺的爸爸解决得非常好。

回到家里，爸爸询问了诺诺为何如此惧怕那个小男孩，诺诺委屈地说："因为他总抢我东西，还老打我……"爸爸对诺诺说："如果你照爸爸的话做，小弟弟就不会再欺负你了。下次小弟弟再抢你的东西时，你就大声地对他说'不许欺负我！'然后把东西抢回来。"

第二天，爸爸陪着诺诺出门，远远地看到了这个小男孩走了过来。爸爸对诺诺使了个眼色，然后躲了起来。小男孩看到诺诺手里的玩具熊，就冲上来抢。诺诺按照爸爸的说法，鼓足了勇气大声说："你不许抢我的东西！"然后用力把玩具熊夺了回来。小男孩因为没有站稳便摔倒在地上，看到诺诺变得如此"勇敢"，他居然坐在地上哭了起来。原来他只是一个"纸老虎"，诺诺从此再也不怕这个小男孩了。

很多困难都是这样的，只要女孩能拿出勇气面对时，就会发现对手并没有想象中的那么强大，而女孩总是低估自己的能力，所以才总是逃避问题、逃避困难，渐渐地养成了胆小懦弱的性格。但是，女孩并不是胆小懦弱的代名词，女孩同样可以做得很出色。女孩也许表面是柔弱的，但是内心却蕴藏着钢铁般的意志。

如何打造一个性格健康、活泼开朗的女孩呢？父母首先应当认识到，女孩并不是天生胆小的。父母可以通过下面的方法教育女儿勇敢面对困难，不惧怕困难。

（1）多鼓励

谦让是一种美德，但是争取却是一种能力。面对自己无法预测的结果要积极地争取，消极地回避是不能得到自己想要的东西的。虽然争取并不一定能够获得，但是放弃却意味着失去。因此，父母一定要多鼓励女儿积极努力地去争取，大胆地说出内心的想法。

（2）少吓唬

女孩的胆小懦弱，很大一部分原因是在家庭教育中形成的。当女儿表现不乖巧时，父母多会这样吓唬女儿："你再不乖，狼外婆就来了。"年幼的女孩往往很容易就被父母的戏言吓倒，并且产生深深的恐惧。因此，女孩的胆小懦弱和父母不正确的教育方式有很大关系。对生活充满恐惧的女孩，很难有勇气去面对"侵略者"。在受到欺负时，恐惧就像一个巨大的阴影吞噬着女孩幼小的心灵。

（3）不溺爱

父母的溺爱也容易让女孩形成胆小懦弱的性格。"不要动，小心烫着你！”“想吃苹果？妈妈给你削，刀子会伤到手！”在父母过分的保护下，这种消极的信息会暗示女孩：外界的事物是不安全的。在父母的溺爱中，女孩一方面会变得娇纵，不可一世，另一方面因为很多事情没有体验过，所以会有恐惧心理。这样的女孩在面对“侵略”、面对困难时首先想到的就是躲避。

别让女孩变得虚荣

女孩由于没有形成正确的消费观念，所以难免受到虚荣风气的影响，在这种情况下，父母应当及时对女儿因虚荣而提出的要求加以拒绝，将不良风气消灭在萌芽状态。

我们在生活中总能听到关于虚荣心的观点，但到底什么是虚荣心呢？其实虚荣心往往来自过强的自尊心。如果我们仔细观察就可以发现，虚荣的人往往也是固执的人，这正体现了他们对自我形象的偏执性追求。由于过分在意自尊，因而事事争先，就连买个手机或者买个手提包也要求买最好的，长此以往，便形成了超出自己能力的消费习惯。

事实上，虚荣的性格是可以得到改正的。曾经有这样一个女孩，出生在一个贫困的家庭，父母在外务工，她跟着爷爷奶奶生活，爷爷奶奶习惯捡一些垃圾去卖，平常送她上学就是用装垃圾的三轮车去送。这个女孩觉得坐这种脏三轮车丢人，总是闷闷不乐，还为此和爷爷奶奶吵过架。一次，她放学回家，看到路边有几个空瓶子，由于家庭氛围的影响，她并没有嫌脏，而是顺手就捡了起来，扔进了路边的垃圾桶。路边的环卫工人正好看见这一幕，夸奖她道：“现在像你这样不怕弄脏自己，主动把地上的垃圾捡起来的女孩不多了。”女孩听完突然有一种如释重负的感觉，她这才意识到，垃圾脏不代表捡垃圾的人脏，心灵的美才是美，只要不损人利己，捡垃圾的人和坐豪车的人都是平等的。从那以后，她不再和爷爷奶奶吵架，也不再嫌那辆三轮车丢人，同时不再把精力过多地放到外表上，而是每天认认真真地学习，踏踏实实地修养品德，后来还考了年级的前几名。

很多父母都接触过“富养”的思想，但有些父母对“富养”的理解有误，觉得“富养”就是给女儿买最贵的东西，让女儿享受最奢华的待遇。这种观点当然是错的。“富养”的核心是让女孩拥有丰富的精神世界和独立自主的能力。如果只知道用物质培养女孩，那就会让女孩过于重视财富的作用，会使女孩陷入虚荣之中。有些女孩之所以会有虚荣心，主要在于没有受到父母的正确引导。作为父母，在从物质上帮助女儿的同时，还应该让女儿拥有自尊自爱的品质，否则越是用物质培养女儿，就越会滋养女儿的虚荣心。

虚荣，顾名思义，是一种“虚”的“荣”，即一种空虚的快乐。每个人或多或少都会有一些虚荣心，每个人应该都体会过虚荣心得到满足时那一瞬间的快乐，也都体会过那一瞬间的快乐过后的空虚感。事实上，这种因虚荣心得到满足而产生的快乐并非真正的快乐，而是一种轻松，即不再担心被别人瞧不起。也就是说，这种快乐实际上是建立在恐惧之上的，是建立在错误的价值观上的。只要这种错误的价值观没有得到扭转，这种恐惧就会源源不断地出现，最后害人害己。众所周知，青春期是建立价值观的重要时期，因此，在教育处于这一时期的女儿时，父母要对女儿的价值观加以重视。

曾经有这样一个女孩，由于家庭贫困，她没办法像其他女孩那样拿零花钱买时髦的衣服。每天在学校里，别的女孩都穿得青春靓丽，只有她穿一身破旧的衣服。为了防止别人嘲笑自己，她试着以学习的名义向家里要钱，要到钱后就拿来买衣服。后来，她逐渐尝试在网络平台上借钱，用借来的钱来买名牌包。周围的人发现她打扮得越来越时尚，都诧异极了。她解释说，她买东西的钱都是兼职赚来的。直到有一天，几个债主到学校里找她，大家才明白是怎么回事。真相暴露的时候，她才意识到自己的虚荣心有多么可笑。她在老师的帮助下通过法律途径去解决自己的债务问题，在家人的帮助下用几年的时间还清了债务，并告诫自己再也不要因为虚荣而去做一些害人害己的事情。

有的女孩对美的理解是肤浅的，把美错误地理解为奢华。究竟什么才是美呢？如果我们回忆生活中遇到过的人，便不难发现，那些乐于助人、正直谦逊的人才能受到敬重，那些大公无私、心无邪念的人才能受到崇敬，那些勤劳勇敢、品德高尚的人才会得到真正的友谊。因此，真正的美是心灵美，是以内心的高尚品质为基础的，而不需要靠任何奢侈品来修饰。

作为父母，要以身作则，要反省自己是否过于重视物质因素而轻视精神因素，是否过于重视经济问题而轻视道德问题，是否过于重视外在而忽视内在。父母对女儿的影响是最直接的，这种影响既包括语言方面，也包括行为方面，因此父母要随时给女儿做好榜样，塑造正派的家庭风气，让女儿养成自尊自爱的品质，杜绝虚荣的风气。在生活中，父母如果发现女儿出现虚荣的表现，如对外表、排名、财富过分看重，就要及时干预；如果发现女儿以不正当手段来满足自己的虚荣心，更应及时制止。父母要让女儿正确地认识自己，养成求真务实的作风，这才是真正的“富养”。

让害羞的女孩变得落落大方

很多女孩是害羞、腼腆的，她们见到陌生人的时候，常常还没说话脸就红了，说话时也不敢说得太大声。害羞的女孩在与人打交道的过程中，特别在与陌生人或异性交往时，经常会拘束、紧张甚至尴尬，这种感觉会给女孩的内心造成非常大的压力，也影响女孩的人际交往。

太羞怯的女孩，一般自我意识强烈，她们在人际交往中十分注重自己的言行举止，时刻担心自己一旦出现什么纰漏，就会落人话柄；或认为自己长相不出众，缺乏吸引力而感到自卑；或因为胆小怕事、性格柔弱、能力不足而不能迎难而上；或因其他原因，常常让自己陷入压抑的心境中，由于自尊心长期得不到满足，常常连最基本的信心也丧失了；或者因为青春期各种生理变化而感到不知所措，从而产生自卑、羞耻感，这样不但影响了女孩潜能的发挥，而且使女孩的学习毫无起色。

因此，害羞在大部分情况下对生活不利，它使人无法正确地了解自己，妨碍了女孩的正常交友，让女孩陷入孤独之中；也让女孩在各种场所无法大胆地说出自己的意见和评判，无法准确地与他人交流讨论。所以，她们在学习和工作中常常显得默默无闻，不受器重，即使取得了成就，也因为少言寡语，而被人忽视，得不到应有的待遇。时间一长，她们就会陷入自卑之中，在学习和工作中不是勇往直前，而是做起事来思前想后、犹豫不决，因而常常错失成功的契机。所以，害羞是一种消极的心理状态，必须想办法去克服。

虽然腼腆、害羞是很多女孩都需要去解决的一个问题，但是父母们也不要太焦虑。面对女儿的害羞行为，父母不加指责，不乱贴标签，循循善诱，为其创造锻炼的机会，这样必然会使女孩成长为一位大大方方、不忸怩作态的优秀女性。

（1）多带女孩与客人交流

要想让女儿不再害羞、腼腆，父母就必须给她提供更多的与人接触的锻炼机会。其中最有效的、最直接的一种方式就是做客。

做客之前父母要先让女儿了解一下将要拜访的对象，让她提前做好心理准备。其次要让女儿有一定的自信心。比如，可以这样说："张阿姨特别好客，很希望认识你，她家还有一个小弟弟，他有很多好玩的玩具，一直想找个人陪他玩。"诸如此类的话，能够帮助她减轻陌生感，增强自信心。

父母也可以经常邀请朋友到家中做客，让女儿有接待来客的机会。这时，对那些在陌生人面前容易害羞的女孩，父母也不必太着急，可按照下面的步骤慢慢地引导她们：与客人打招呼；为客人端茶递水；鼓励女孩为客人表演节目或与客人聊天。

父母在发现女儿做好前一步的时候，给予适当鼓励，让她再接再厉，但要注意不要逼着女儿做她无法胜任的事情。等女儿熟悉了前一步做法，就能够自然过渡到下一步。

另外，做客后，父母还要瞅准时机对女儿的行为加以表扬。就算女儿的表现你还不太满意，但也要表扬到位。父母的口头表扬与实物奖励，不仅是对女儿的鼓励和认可，还能够让女儿朝着更好的方向发展。

（2）提高女孩的自我评价

害羞的女孩往往有很强的自卑感，常常有一种“被抛弃”的感觉。因此，父母要协助她们，让她们发现自己优秀的一面。

每个女孩都有自己优秀的一面，父母的教育就是要让女儿将优秀的一面发扬光大。当女孩对自己信心十足时，自然就会变得落落大方。

让女孩正确看待减肥

一天回家，小雨闷闷不乐地坐在沙发上。妈妈很纳闷儿，便去问小雨怎么了。原来，这天小雨和朋友们一起去买衣服，几个朋友都很瘦，穿衣服都穿最小码，而轮到小雨时，店员要特意去找个大码。她们一起拍照时，小雨总觉得自己胖胖的身材很突兀。有朋友劝小雨减减肥，说女孩要瘦了才好看。其实，自从上了初中，小雨也察觉到了这个问题，想要减肥，这次经历更坚定了她的想法。

像小雨这样的女孩还有很多，外界环境的影响、身边人的看法，以及现在网络上宣扬的“女生一定要瘦”的观点，让很多女性产生了身材焦虑，从而极致地追求瘦身。于是，节食、吃减肥餐、运动、喝瘦身茶……与减肥有关的一切成了女性普遍谈论的话题。一些人为了减肥尝试了各种方法，也不管会不会伤害身体。成人都被这种现象深深地影响了，更别说是心智还不成熟的小女孩了。

姜羽是一个活泼好动的女孩，每天活力满满的，但最近几周，她每天有气无力的，脸也没有气色，不仅下课不去活动了，就连上课也总爱趴着。一次自习课，姜羽感觉胃特别疼，便去找老师请假。老师赶忙带她去了学校医务室。校医检查完后说，姜羽的胃疼是饿出来的，而且她身体严重缺乏营养，需要好好养一养。事后老师才知道，原来姜羽正在减肥，她和几个同学都觉得女孩瘦了才好看，便决定节食减肥，不吃米饭、馒头，甚至不吃鸡蛋、肉，不喝牛奶，每天只吃青菜，最后把身体搞成了这样。

过度或不正确的减肥方式会给身体带来很大的危害，比如，营养不良、身体虚弱、免疫力降低，还会导致肌肉力量减弱、生病，就像例子中的姜羽那样，甚至会使记忆力减退、影响发育、出现月经紊乱的情况，等等。再加上女孩还有学习的压力，而她们又在长身体，危害会更大。所以，父母要让女儿正确看待自己的体形，正确看待减肥，要把不正确的减肥方式会造成的严重危害给她们讲清楚。如果真的要减肥，父母可以让女儿通过多运动、少吃垃圾食品等来使身体变得更健康，而不是一味地节食、吃药来危害身体。

另外，父母要让女儿明白，自然、健康的美才是最好看的，不要过分追求瘦身。但是，青春期的女孩关注的只是“瘦了才好看”，她们还不能科学地认识自己的体重和身体健康。因此，父母在对女儿进行教育时，可以告诉她们什么样的体重范围才是正常的，让女儿对自己的体重有概念，这样会比直接说教更有说服力。

总之，如果女儿要减肥或有这方面的困惑，父母一定要重视起来，引导她们正确对待自己的体重，正确看待减肥，健康成长。

帮助女孩克服拖拉的毛病

办事拖拉、磨磨蹭蹭是孩子常见的一种毛病，一旦在孩童时期没有克服掉这种毛病，就有可能使孩子形成懒惰的性格，使孩子在碌碌无为中度过平庸的一生。

如果女儿做什么事都不紧不慢，别人不催，她就不着急，那么父母就需要给她制定严格的规矩，不完成任务，就不许干其他的事情。并且父母要坚持做到监督和评价，这样才有助于女孩改掉拖拉的坏习惯。

有拖拉毛病的女孩，常常有以下表现：

①怕困难而把艰巨的任务、麻烦的问题拖到最后办理，或寻找借口一拖再拖；

②不善于整理环境，卧室、写字桌上乱七八糟；

③缺乏进取精神，不愿改变环境，不愿接受新任务；

④老是不肯做作业，直拖到每天的最后一刻，甚至点灯熬油“开夜车”；

⑤遇到棘手的事或考试时，就装病、找借口，企图回避；

⑥受到不公平的待遇时，即使自己有理仍忍气吞声，避免和别

人发生冲突；

⑦无论遇到什么事情都怨天尤人，不检查自己的不是；

⑧说起来一套一套的，想法很多，但从来不去付诸实施。

小时候女孩没有养成遇事马上做、日清日新的好习惯，总把今天的事情推到明天，长大后也总是把需要完成的任务堆积如山，直到它们侵占了自己正常的休闲娱乐时间，人很累，但事情还是没有完成好。

做事拖拉，百害而无一利。拖延时间，最后只会把事情变糟糕。要想克服拖拉，女孩需要知道，绝对的完美是不可能的，逃避更是不可能成功的。只有现在的行动和接下来的行动才会决定事情的结果，拖延只会让结果更糟糕。当遇到困难的任务时，可以讲究策略，把大困难分解为若干小的步骤，然后，马上去攻克它。

以下方法可以帮助女孩克服拖拉的坏习惯。

（1）让女孩养成立即行动的习惯

如果你的女儿要做什么事，就要她从现在就开始！不要总是“明日复明日”。女孩因为年纪还小，总觉得日子好像永远过不完，所以体会不到时间的重要性。因此父母有责任帮助女儿逐渐认识时间的宝贵，帮助她养成立即行动的习惯。

（2）让女孩分清事情的轻重缓急

有的女孩做事杂乱无章，随意挑一件事就干，这样会把最重要的事给忽略了。所以，要让女孩学会分清事情的轻重缓急，并且在完成一件事之后，再着手处理另一件。同时，集中优势也是很必要的。因此，父母要让女儿做到一次只集中应付一个问题，直到处理完为止。

（3）让女孩为自己的事情规定一个期限

凡做一件事，让女孩给自己规定一个期限，是避免她拖拉行事的有效措施。在初期，她的这个期限最好公之于众，让别人知道她的期限，并期望她按时完成。这样女孩就会有一种压力，她的自尊心会敦促她努力如期完成此事。公开的拖延往往要比私下里拖拉难堪得多。

（4）激发好胜心，在“比试”中克服拖拉的毛病

为了帮助女儿改正拖拉的毛病，父母还可以让女儿邀请她的同学或伙伴到家里来玩、做家庭作业。看一看谁做得又快又好，不管是谁，做到了这一点，就奖励谁。这样女孩为了面子，会自觉地提高了做事的效率。

并且这样做也能在女孩心中植下竞争意识。社会的竞争在小孩子身上得不到体现，但是不意味着父母就不教育她有竞争这么一回事。让她知道，做事拖拉，就会被“大鱼”吃掉，从小就树立她的竞争意识，这对她将来的成长和进步大有裨益。

女孩做事情拖拉或者磨蹭，有自身的原因，也有外来因素的影响。动气不如动心，花心思帮助女儿对症下药，这才是合格父母的做法。

我可以的

这是菲菲第一次买东西。

神奇的时间表

琪琪，你拿的是什么？
这是妈妈送我的宝贝！
是什么宝贝啊？
时间表！
时间规划表
7:00–10:00
10:00–12:00
12:00–13:00
13:00–14:00
14:00–17:00
17:00–18:00
18:00–21:00
这算什么宝贝啊？
当然是宝贝，自从有了它，我的作业每天都能按时完成。
原来你的作业写得又快又准确是因为有了时间表！
我发现，学会管理时间，时间就会很听话呢！

富养女孩，
让女孩变得“富”有

富养女孩，“富”在哪里

封建时期的中国，那些豪门淑女被称为“侯门千金”。这里的“千金”如何解释呢？当时，黄金在我国有货币的作用，因此很多人借黄金来形容高贵的人或贵重的事物，这一点可以从很多词语中看到，如一字千金、一笑千金等。至于借“千金”来形容女孩高贵，最早的文字记载大概是元代张国宾所写的杂剧《薛仁贵荣归故里》：“你乃是官宦人家的千金小姐。”在明清时期，小说得到极大发展，借“千金”来展示女孩的高贵就更为常见了。除了“金”，人们也总是用“玉”来展示女孩的美好品质。

一个女孩如果在品德、智慧方面能得到较好的教育，即得到“富养”，那么她对家庭乃至整个社会都能做出贡献，自然无愧于“千金”的称呼。从这个角度来说，当人们用“千金”来形容一个女孩时，也就包含了对这个女孩的美好期盼。而为了让女儿拥有美好的品质，父母自然也就不会吝惜财富。

父母对女儿一般有什么样的期望呢？除了平安健康，大概就是优雅高贵了。但这些品质往往不是凭空产生的，而是需要后天的培养，需要家庭经济上的支持，即需要“富养”。如果说女儿是一棵树苗，那么父母在教育上的投资大概就是阳光。

（1）鼓励女孩尽量展现女孩的魅力

女孩往往喜欢好看的布娃娃和可爱的小裙子。其实，女孩的这种爱好体现了对美丽的追求。作为父母，一定要因势利导，鼓励女儿学会展现魅力，帮助女儿发展自己的个性，启发女儿的审美意识。比如，父母可以陪女儿挑选裙子，鼓励女儿独立地搭配衣服，让女儿独立搜集发饰信息。只要“富养”得当，女孩就可以养成独立自主、热情大方的性格，并获得良好的审美思想，拥有迷人的魅力。

（2）多陪女孩玩“过家家”

女孩往往喜欢玩“过家家”，在这种游戏中，女孩会假装自己是个成家的人，还会假装收拾屋子、做饭。这种游戏虽然简单，但体现了女孩对生活秩序的追求。相比于男孩，女孩往往更细心，善于维持秩序。因此，父母在条件许可的情况下，可以让女儿当一次“一家之主”，培养女儿的管理能力。

说到这里，有些读者可能已经发现，上文中提到的方法往往都涉及经济，难道普通家庭就不能“富养”女孩了吗？其实不是的。本文中的“富养”，实际上指思想上的“富”，而不是指物质上的“富”。如果“富养”指的是物质上的“富”，那么那些骄纵的人都可列入“富养”的行列了。很多父母对“富养”的理解有问题，觉得只要给女儿足够多的零花钱就算是“富养”，结果女儿逐渐奢侈虚荣，父母则逐渐囊中羞涩，最终酿成悲剧。

真正的“富养”是以道德品质和思维方式为核心的，是尽可能地让女孩明白如何待人接物，如何自尊自爱，如何选择人生道路，如何明辨是非。

在如今的社会，穷人和富人的生活水平差距很大，一些穷人家的女孩想象不出富人家的奢华，一些富人家的女孩也体会不到穷人家的辛酸。很多普通家庭的父母意识到贫富差距之大，便有种种顾虑，觉得不管怎么努力，也无法让女儿和富人家的女孩站在同样的起跑线上。父母的这种顾虑当然是有一定道理的，但事在人为，虽然父母暂时无法让女儿拥有奢侈品，但可以让女儿养成不逊于他人的高尚品质。相比于奢侈品，美好的品德才能真正令人一生受益。

还有一些父母担心女儿会因贫穷而自卑，其实这种担心往往是多余的。对一个独立自强的女孩来说，家庭的贫困只能算是困难，而不能算是丢人的事情，因为这种女孩的人生不会被家庭条件所限制，而是掌握在自己手中。

对父母而言，即使家庭条件一般，也完全可以“富养”，即让女儿拥有开阔的胸襟和眼界。尤其是在现代社会，即使家庭贫困，父母也有很多渠道可以获取各类信息，帮助女儿健康成长，让其有富足的精神世界。

事实上，即使家庭条件真的不富裕，父母也没必要在女儿面前装出富裕的样子，因为女孩的感觉比较细腻，往往可以轻易看穿父母的伪装。如果父母硬要装出一副富裕的样子，那么反而会传递出一种消极的观点，即贫穷是羞耻的事情。这样会对女孩的价值观造成误导，促使女孩形成拜金思想。如果父母能够坦坦荡荡地向女儿展示家庭真实的情况，并制订出切实可行的生活计划，那么不但不会使女儿自卑，还可以使其养成勇于担当、不惧挑战的优良品质。

（3）让女孩感受到自己并非“丑小鸭”

其实每个人都难免有缺陷，也就都有自卑的时候。但很多时候，让女孩感到自卑的往往不是真正的缺陷，只是自身的一些独特之处。这种情况下，父母要帮助女儿正确地看待自身，让她明白每个人都是独一无二的，消除女孩因与众不同而产生的恐惧情绪，这样便可以使女孩克服自卑心理。

如果女儿真的有缺陷并因此而自卑，父母就应该帮助她建立正确的价值观，让女儿意识到没有谁是完美无缺的，一个人的价值并不在于先天条件的完美程度，而在于拼搏精神和对社会的贡献。心理学上有这样一种观点，即每个人都有一定程度的自卑心理。对父母而言，与其费尽心思消除女儿的自卑心理，不如努力帮女儿获得自信，因为当一个女孩越来越自信时，她的自卑心理也就渐渐消失了。

富养，就要开阔女孩的眼界

教育界有这样一种理论，即再优裕的物质资源也弥补不了精神方面的缺失。比如，有的女孩可能有一堆名牌包，却对本国的文学名著毫无接触，对哲学思想一窍不通，甚至连健康的价值观都没有，那么她即使看上去珠光宝气，但人们只要和她聊上几句，就可以发现她头脑的空虚。反之，如果一个女孩穿的是朴素的衣服，但对人生有切实可行的规划，对美好的事物有发自内心的热爱，那么虽然她暂时穷困，人们却依然会敬重她。因此，父母在“富养”自家女孩时，务必要明白“富养”的核心是精神，而不是物质。

为了让女儿养成不卑不亢的性格，父母在条件允许的情况下要带女儿接触不同的文化，让女儿面对陌生环境时不怯场。一个女孩在见多识广的情况下，自然不会被轻易诱惑。当一个女孩见识了不同的思想和不同的人生道路后，她才能确定自己真正热爱什么，才能确定要以什么方式度过一生，才不会被网络上各种不切实际的观点所影响。有位著名的媒体人在叙述童年生活时说，她小时候有段时间寄居在广州的奶奶家，当时叔叔每个月都会带她到不同的场所，有时会带她到敬老院做义工，有时会带她去福利院哄小孩，家人们都指责叔叔带她乱跑，耽误学习，叔叔则笑着解释说，女孩应该多见世面，多看看不同人的生活方式，否则长大后容易被骗。

叔叔的观点很有道理，一个女孩只有真正接触了社会的不同层次，才能正确地认识社会，进而形成正确的价值观。在不断接触社会的过程中，女孩会真正明白什么是美、什么是丑、什么是善、什么是恶。同样，只有在不断接触社会的过程中，女孩才能明白各种选择会导致哪些结果，从而在重要的时刻做出正确的选择。如果让女孩生活在一个与社会脱节的环境中，那么女孩对社会的认识就只能依靠网上的只言片语和自己的想象，当她处理实际事务的时候便无异于纸上谈兵了。

有的父母觉得，只要满足女儿的各种愿望就是“富养”。这种观点是错的，因为“富养”的核心是使女孩进步，而不是满足女孩当下的欲望。如果父母把“富养”理解为物质层面的事情，就难免培养出虚荣的女儿。同时，想要使女孩有富足的精神世界，就要让女孩多参加实践活动，如果父母把女儿的所有事情都替她完成，便在某种程度上减少了女儿的实践机会，相当于害了女儿。

女孩的情感是细腻的，相比于物质条件，女孩往往更关心人际关系。如果处在不舒适的人际关系中，即使物质条件优裕，女孩也会心中忧郁；如果处在健康的人际关系中，即使家庭条件一般，女孩也会喜气洋洋。事实上，人际关系不仅影响着女孩的生活舒适度，还影响着女孩对自我的看法。因此，作为父母，要借助自己的社会经验，帮助女儿建立良好的人际关系，做好女儿在人际关系上的老师。在帮助女儿建立人际关系时，要注意让女儿接触不同的阶层，让女儿充分认识不同群体在思想上的差异，这样她才能更好地理解他人，更好地与他人相处。如果父母没有条件带着女儿四处游历，也可以多给她买一些书籍，陪着女儿读书和思考，让女儿在思考中逐渐理解不同人的思想。当一个女孩对各个阶层的人都有充分的理解时，她便能理解不同人群的苦恼，便能体会到不同人群的处境，就不会轻易被网上的各种奇谈怪论所引导，而是会以仁爱之心广交朋友，为社会发展添砖加瓦。

网络上有一个真实的故事，故事中的母亲从小受到传统的教育，厉行节俭，但节俭过了头，以至于在有能力给女儿买新衣服的时候，依然让女儿穿别人家的旧衣服。后来，由于工作原因，这位母亲接触到几位经济学教授，这才意识到消费也有积极的意义。她是个知错就改的人，意识到自己的错误后，在不浪费的前提下开始制订消费计划。为了让她的女儿接触到社会的方方面面，她每个月都专门留出一笔钱，用于带着女儿开阔眼界。在她的引导下，女儿接触到不同的阶层，并开始正确地看待贫富差距。

这位母亲想让女儿受到全面的教育，所以在女儿的同意下买来各种资料，每天晚饭后和女儿一起研究各类问题。女儿喜欢文学，她就和女儿一起读各类名著，还鼓励女儿提出独立的观点；女儿喜欢地理，她就在每年夏天带女儿到各地游览，一起研究不同地区的地质地貌；女儿喜欢机械，她就买来各种模型和女儿一起研究。在她的引导下，女儿养成了独立自主的性格，还热爱思考，并拥有良好的实践能力。

为了不让女儿脱离现实生活，在女儿成年后，她鼓励女儿打工，支持女儿对赚来的钱进行自主规划。在天气晴朗的时候，她还会和女儿去参加采摘活动，既增强女儿的体魄，又帮助女儿交到很多好朋友。慢慢地，女儿养成了良好的理财习惯，而且乐于助人，得到了身边人的尊重和喜爱。

由于能力强，女儿在大学时期就有了充足的经济收入，并且对未来的发展有明确规划。同时，由于乐于助人，女儿在大学期间交到很多好朋友。大学毕业后，女儿凭借优秀的专业能力和丰富的实践经历在社会上如鱼得水。

在上面这个故事中，这位母亲着重培养女儿的自立能力，并帮助女儿拥有富足的精神世界，这正是“富养”女儿的范例。作为父母，在教育女儿时要向故事中的这位母亲学习，不能仅仅在物质上帮助女儿，还要在精神上引导女儿。

富养，让女孩学会理财

“富养”女孩，不仅指让女孩拥有丰富的精神世界，还指让女孩拥有良好的理财能力。良好的理财能力是独立自主的关键，也是一个人不卑不亢的底气。

父母在教育女儿时，要有意识地让其参与家庭的理财活动，让她从小接触到理财方面的知识。授人以鱼不如授人以渔，对父母而言，与其满足女儿的各种物质要求，不如教会她理财知识，让她以后能够凭自己的能力满足自己的愿望。有的父母对理财知识有偏见，觉得只有拜金的人才会热衷于理财，甚至有的父母认为理财相当于剥削他人。实际上，理财和拜金是两码事，理财的核心是让财富去该去的地方，不但不是剥削他人，还能增强经济活力，而拜金是不择手段地获取利益。实际上，学习理财知识是建立正确的财富观念的重要环节。对女孩来说，如果能广泛学习理财知识，那么就能对经济体系、商业模式等概念有正确的认识，就不会轻易被网上的一些谬论所迷惑。父母应该明白一件事，即父母无法照顾女儿一生，她终究要靠自己的能力生活，如果父母不能早早地培养女儿的理财观念，等到女儿长大后，便可能被错误的理财观念所诱导，进而酿成悲剧。事实上，很多女孩之所以陷入经济困境，就是因为没有从小建立正确的理财观念。如果父母不希望女儿变成斤斤计较、奢侈虚荣的人，便应该对理财知识重视起来。

父母之所以要专门引导女儿学习理财知识，是因为女孩自身往往不会主动学习理财知识。由于年龄较小，女孩往往没有接触到复杂的经济事务，意识不到社会上经济运转的复杂性，反而会把经济体系想象成获取零花钱那样简单的事。如果父母不及时纠正这种观点，不及时传授正确的理财思想，那么女孩在进入社会后难免要遭受挫折。可能有些父母会有困惑，觉得自己根本没有能力带着女儿去各大经济机构参观，自然也就没有能力教会女儿正确的理财方式。其实，让女儿学习正确的理财知识是很简单的事，并不需要大费周章地四处奔波，只要尽可能多地搜集资料，然后让女儿利用零花钱去尝试就可以。比如，在给女儿零花钱后，父母可以做女儿的“银行”，让女儿把零花钱存到父母这里，同时父母和女儿之间约定好利息和存款时间，等女儿慢慢了解银行的用处后，父母就可以和女儿模拟其他的金融活动，这样就能慢慢地让女儿理解经济运转模式了。

除此之外，父母还可以让女儿决定家庭中的一些开支，比如，出行时究竟是坐飞机还是坐火车，购物时买饮料还是买矿泉水等。同时要让女儿养成记账的习惯，并经常和女儿讨论不同消费习惯的利弊，这样就能让女孩真实地感受到理财知识的重要性。具体来讲，父母可以采取以下方式。

（1）定期发放零用钱

在发放零用钱时，父母要有意识地定期发放，让女儿可以提前对零用钱进行规划。如果父母担心女儿乱花钱，可以先以较短的周期发放，之后根据女儿的表现来调整发放周期。这样一来，女孩就可以在实践中慢慢学会理财了。

（2）让女孩学会定期储蓄

父母可以为女儿买一个小的存钱罐，让她把零用钱、压岁钱等存起来，并且鼓励她做好储存和支出的记录，这样一来，女孩就能在实践中意识到存钱的意义，也能对自己的消费习惯进行调整，有助于养成正常的消费观念。如果女儿一开始对存钱不积极的话，父母可以设定一些奖励。

（3）培养女孩的记账习惯

如果父母想让女儿养成正确的理财观念，就有必要让她养成记账的习惯。但女孩往往不知道记账的具体方法，这时就需要父母耐心引导。父母可以把自己的记账本拿给女儿作为参考。在女儿记账时，父母在征得其同意的情况下，可以阅读女儿的记账本，并提出修改意见。如果发现女儿的消费习惯不健康，父母可以提出建议。在记账的过程中，女孩会明白财富易散而难聚的道理，会养成节俭的习惯。

（4）建立理财目标

为了让女儿拥有正确的消费习惯，父母应该鼓励女儿对未来的消费做好规划，并鼓励其设定理财目标。如果有条件的话，可以让女儿亲自参与投资类事务。这样做不仅可以提高女孩的理财观念，还可以让女孩养成未雨绸缪的习惯，从而更好地把握自己的人生。

富养，让女孩感受到富足的爱

所谓“富养”，不仅指物质方面的“富”，也指心灵方面的“富”，而心灵方面的“富”，来自良好的人际关系，尤其来自父母给予的爱。

相比于男孩，女孩往往情感细腻，对他人的态度较为敏感，对父母的态度更是格外重视。如果父母让女儿感受到充足的爱，那女孩在生活中就会活泼开朗，做事时就会有底气；如果父母对女儿冷漠，那么就会使女孩对生活产生悲观情绪，进而影响女孩的性格。当然，这里所说的爱并不是指溺爱，而是指真正有益于女孩成长的爱。

毫无疑问，每位父母都希望自己成为合格的父母。但是，很多父母没有掌握正确爱护女儿的方式，他们在爱女儿时，往往给予的是溺爱，结果使女儿变得骄纵虚荣。因此，父母不但要有爱护女儿的意愿，还要掌握正确的方法。

（1）以一颗平常心要求女孩

小雨正在上小学，她每天都很焦虑，因为她有一个要求过于严格的母亲。小雨的母亲认为，花重金给女儿报很多辅导班就能体现自己对女儿的爱，就能使女儿比同龄的孩子更出色。在母亲的逼迫下，小雨没办法和小伙伴玩耍，不管上学还是放假，都没有休息的时间。由于缺乏体育运动，小雨的身体越来越弱，每天萎靡不振。小雨的母亲看到小雨的虚弱状态，气不打一处来，总是抱怨：“这孩子身在福中不知福，我给她花了这么多钱，她竟然连学习的劲头都没有，真是太让我失望了！”母亲对小雨的成绩特别敏感，每当小雨某一科目的成绩有下滑趋势时，母亲就会如临大敌，催着小雨制订各种计划，并不断地和辅导班的老师沟通。后来，小雨的成绩越补越差，甚至连学习的热情都没有了。

小雨的这种情况在社会上较为常见，很多父母都把给孩子报补习班理解为爱，觉得对女儿要求越严格就是越爱她。实际上，每个女孩都有独特的天赋，父母要做的应该是抓住女儿的闪光点，培养出女儿独特的魅力，而不是逼着女儿按父母的构思成长。父母务必要明白，女儿需要的是培养，而不是“定制”。如果父母过于严格地逼迫女儿，女儿就会像上面这个故事中的小雨一样产生厌学情绪。教育是一件复杂的事情，父母在培养女儿时，务必要考虑到女儿的实际情况和情绪，如果父母的标准超出了女儿的实际能力，会使女儿产生自卑心理；如果父母不顾及女儿的情绪，那么会使女儿对父母产生怨恨，影响家庭的和谐。其实，父母的很多焦虑情绪是多余的，很多父母觉得女儿不上补习班就是浪费时间，但女孩的需求是多样的，运动和玩耍同样有益于女孩的身心健康，成绩固然重要，但交朋友不重要吗？一个强健的身体不重要吗？作为父母，如果真的想让女儿健康成长，就要全面地为女儿进行规划，让女儿身心健康地成长。

（2）不要拿“爱”来要挟女孩做事

由于暂时没有独立生活的能力，女孩往往对父母有某种程度的依赖，同时很注意父母的态度。这种情况下，有的父母会利用女儿的这种情感，甚至以此来要挟女儿。比如，当女儿不按父母的要求做事时，有的父母会说：“你不按我说的做，那我就不爱你了。”很多乖巧听话的女孩会被这种言语吓到，从而屈服于父母。因此，有的父母把这种要挟方式当作有效的教育办法。其实，这种办法弊大于利。虽然女孩会由于恐惧而屈服，但她并不知道自己究竟哪里做错了，也就是说，这种办法并不能真正帮助女孩成长。女孩心思敏感，父母的要挟难免会给她造成阴影，甚至可能成为日后家庭矛盾的原因。而且，在这种环境下长大的女孩，会对家庭有一种恐惧心理，会抓住一切机会逃离父母的控制，甚至不惜放弃很多发展的机会。

总而言之，父母万万不可利用女儿对自己的感情来要挟她，否则会让女儿误以为父母的爱是有条件的，这样会对女孩的人生观和价值观造成消极影响。父母应该让女儿感觉到无条件的爱，当然，这种无条件的爱并不是溺爱，而是指父母对女儿的爱是无私的，不会因某些利害关系而消失。

（3）多给女孩一些精神财富

我们在生活中总能听到很多关于“富养”的观点，那么，我们在“富养”女孩的时候应该格外重视哪些方面呢？看完下面这个故事，你可能会得出自己的答案。

有一位女士在商业上获得了很大的成就，一次，她回忆起了自己的童年生活。在她的印象里，她小时候又矮又黑，总是受到别人的轻视，很多同龄人不愿意和她玩。但她有一个和谐的家庭，她的父母十分恩爱，她受到父母无私的关爱。有一次，她在外面因为个头矮而受到嘲笑。她难过地回到家中，照了照镜子，觉得自己确实比不上别人。这时，父亲进来了，了解了情况之后对她说：“我觉得我的宝贝姑娘很可爱啊！”之后列举了她的很多优点。父亲的话让她十分感动，也让她从自卑的情绪中走了出来。后来，有一次学校组织积木比赛，她得了倒数第一，有的人嘲笑她笨。她失望地回到家中，躺在床上不愿意说话。母亲了解了这件事之后，告诉女儿：你有自己的长处，比赛得最后一名，不代表其他方面就是差的。况且，世界上任何一项技能都能培养，你积木搭得不好，我们借此机会，好好学习一下，肯定进步得很快。就这样，她慢慢地有了自信。在父母的引导下，她逐渐成为一个热情开朗的女孩。

从上面这个故事中，我们可以发现，女孩往往对周围人的评价较为敏感，如果父母能够长期对女儿进行鼓励，那么女孩就容易形成开朗乐观的性格。在上面这个故事中，正是由于父母善于对女儿进行鼓励，女孩才能摆脱内心的负面情绪，身心健康地成长。

富养，让女孩懂得自尊

教育学中有这样一种观点，即儿童一切美好品质的根基在于自尊。这种观点不无道理，因为只有一个人有了自尊，他才能进一步发展出责任感与荣誉感。因此，当我们对女孩进行“富养”时，也要以自尊为第一课。一个女孩只有拥有了自尊，才能在此基础上充实自己，才能在人际关系中获得认可。

女孩处于人生观、价值观还未成熟的时期，这个时期的特点是易受外界影响，如果女孩没能及时学会自尊自爱，那么这份缺憾可能要用一生来弥补。作为父母，在这个时期要及时对女儿进行引导，教育女儿自尊自爱，为女儿的未来打下坚实的基础。父母要特别注意的一点是，由于女孩此时没有太强的分辨能力，所以父母要防止女孩受到不良信息的诱导。除去理论方面的教育，父母还可以结合生活中的事例来教育女儿。

在培养女孩的自尊心时，要意识到，培养女孩自尊心的方式和培养男孩自尊心的方式是不一样的。女孩心思细腻，比较敏感，因此，父母在培养女儿的自尊心时要格外注意细节，要从生活的点滴开始，一步一步让女孩学会如何自尊自爱。当然，父母在培养女儿的自尊心之前要先反省，因为有自尊心的父母才能培养出有自尊心的女儿。在生活中，我们有时可以看到这样的情况，即父母因为女儿的一些小错误而在公共场合大吵大嚷，或父母怂恿女儿去占便宜。在这些情况中，父母的言行显然与自尊自爱的品质相去甚远，而这样的父母自然也无法成为女儿的榜样。因此，作为父母，在培养女儿的礼貌前要先确保自己有礼貌，在培养女儿的自尊前要先确保自己有自尊，在充实女儿的精神世界前要先确保自己的精神世界不空虚，这便是言传身教。

由于女儿对父母的态度往往比较重视，所以父母要尽量使自己的情绪稳定而积极，给孩子做好榜样。民间有句俗语，叫“良言一句三冬暖，恶语伤人六月寒”。家人之间更是如此，父母对女儿的一句鼓励可能会帮她摆脱自卑的阴影，父母对女儿的一句讥讽则可能给她的自尊心造成严重伤害。作为父母，一定要以身作则，用自己的行动来培养女儿的自尊心。具体而言，有以下几种方法。

（1）平等对待女孩

相对于男孩，女孩在体力上往往比较弱，因此，有的父母会下意识地将女儿放到被保护的位置上，对很多事情独断专行，完全不与女儿商量，还自认为是在呵护女儿，可谓是好心办坏事。作为一个独立的个体，女孩虽然体力较弱，但也有做主的权利，如果父母完全不让女儿参与家庭事务，便会打击女孩的积极性，同时会让女孩觉得自己的意见可有可无，这样便会伤害女孩的自尊心。同时，父母替女儿做决定的话，女儿往往陷入知其然而不知其所以然的困境，这样不利于女孩认知水平的发展。因此，如果父母真的想培养女儿的自尊心，就应大胆地让其参与家庭事务，处理事情时多咨询女儿的意见，让其意识到自己对他人是有价值的，让其在处理事务的过程中获得成就感，从而逐渐建立自尊心。这种从实践中得来的自尊心是最坚固的。与其为女儿遮风挡雨，不如让女儿自己成为参天大树。

说到自尊心，很多人有一种误解，即认为承认自己做错了事是没自尊的表现。这种观点当然是错误的，因为没有人是完美无缺的，不管是谁都难免会犯错，只要及时改正，便能受到他人的尊重，如果死撑着不认错，只会害人害己。但有的父母没能把自尊和面子区分开，就算做错了事也不愿在女儿面前承认，否则就觉得失去了“自尊”。其实，女孩的心思是很细腻的，往往可以看出父母的伪装，因此父母在做错事后应大大方方地承认，给女儿做一个知错就改的榜样。

（2）让女孩在一次次的良好表现中建立自尊

人的自尊心建立在实践之中，一个人只有在实践中体会到独立自主的意义，才能拥有坚实的自尊心，正如一个人只有在实践中体会到奉献的快乐，才会发自内心地乐于助人。因此，父母在培养女儿的自尊心时，要注意结合实践。比如，同样是鼓励，如果在女孩真正做出成就之后去鼓励，就能促使女孩上进；如果只是喊口号式地鼓励，就会让女孩感到厌烦。父母在培养女儿的自尊心时，要让女儿大胆地参与各种社会实践，大胆地展现出自己的独特魅力，这样才能使女孩真正收获自尊。

不过，在培养女孩自尊的过程中，不能过分表扬女孩，否则会使女孩产生自大心理，应当根据实际情况，灵活地调整教育方法。

富养，就是让女孩自强自立

很多人一提起“富养”，就觉得父母应该给女儿提供物质上的帮助，很多女孩在遇到困难时也下意识地等待父母的帮助。这种对“富养”的理解不能说完全是错的，但忽略了“富养”的一个关键点，即教会女孩独立自主比送给女孩财物更重要。千金在手，不如一技傍身。

所谓自立，顾名思义，就是不依赖他人而能在社会上生存。父母无法照顾女儿一辈子，只有让女儿拥有自立的能力，才能确保女儿一生安稳快乐，才能算是“富养”。如果女孩没有自立能力，那么等失去父母的庇护，便会陷入手足无措的境地，甚至连安稳的生活都很难维持下去，这样自然谈不上“富养”了。

由于中国经济在过去几十年处于高速发展中，很多父母一下子脱离了祖辈穷困的经济处境，进入了小康生活，但他们的教育方法并没有更新换代，由此使得很多父母在教育女儿的时候不知怎么做才好，有时候还会听信网上的一些谬论，很多父母更是混淆了“富养”女儿和溺爱女儿的区别，结果费力不讨好。

由于溺爱而害了孩子的事例屡见不鲜。有一些父母对女儿百般呵护，等到女儿该住宿了，由于担心女儿受委屈，还会经常去学校看望。新闻上也有好多类似的事情，比如，一些父母担心女儿吃不惯学校食堂的饭，便每天专门给女儿订外卖。这些被娇惯的女孩丝毫不懂得如何处理人际关系，所以在学校往往不合群，去哪里都是独来独往。由于人际关系不健康，这些女孩往往郁郁寡欢，甚至有抑郁的危险。当然，这些女孩在经历过挫折之后肯定会慢慢提升人际交往能力的，但如果父母在她们小的时候就帮助她们独立自主，那她们就不至于在家庭以外吃苦头了。

父母都希望能够爱护好女儿，但并不是所有的父母都能学会正确的教育方式，如果父母一味地包办女儿的事务，便会打消女孩勇于进取的精神，使女孩难以养成独立自主的能力。

懂得教育思想的父母往往重视女儿的自立能力，会无私地传授社会上的种种处事方法，会帮助女儿培养足以谋生的技能，确保女儿能够自立自强。有些父母还会专门为女儿创造实践机会，让女儿在实践中增强自信和技能。有些父母会在女儿上大学时，替她在大公司找兼职，让她提前体验不同的工作状态，以便提前规划以后的工作。有些女孩甚至在大学期间不需要向家里要生活费，这样的女孩在自立方面自然会更强一些。

有些父母总是担心女儿在外面受委屈，不舍得让她去社会上闯荡。这种思想当然是错的，因为父母无法庇护女儿一辈子，女孩终究要独立生活，与其让女孩在以后被迫闯荡，不如让她提前经历风雨，提前学会谋生技能。父母无法帮助女儿一辈子，谋生技能却可以。

每一代人都有自己所要承担的责任，都有自己所要面对的困境，父母即使再富有，也无法替女儿摆脱所有困难，所以父母应该及早培养女儿的自立能力，让她无论面对什么困难都能闲庭信步。

很多父母都意识到，女孩只有经历过风雨才能成长，但只有这个意识还不够，父母还应知道如何让女孩经历风雨。有些父母只是口头上说让女儿独立自主，但只要看到女儿受一点委屈就不舍得放手了。还有一些父母则不管实际情况，直接断了女儿的生活费，影响了女儿的正常生活。这两种做法显然都是错的。想让女孩在风雨之中成长，就要循序渐进，先和女孩沟通，等她同意后再稳扎稳打地执行“放飞”的计划，这样才能既不影响女孩的生活，又能培养她的能力。

如果女孩的年龄确实太小，那可以让她从小事做起，比如，让她独立挑选衣服，独立叠被子等，逐渐培养她的自立能力，并尽量引导她帮助别人，让她体会到帮助别人的快乐。

总之，每个女孩都迟早要独立生活，对父母而言，越早培养出女儿独立自主的能力，就越能让她从容地面对生活中的困难。

父亲的爱

1
好冷啊！
中心小学
2
爸爸？
童童！
3
您不是出差了吗？
我提前一天赶回来了。
4
喝点儿热饮。
谢谢爸爸！
5
6
爸爸温暖的爱无时无刻不包裹着我！

妈妈是我的“知心姐姐”

妈妈，我的好朋友不理我了，我很难过。
你们发生了什么事吗？
我只是不小心把她的笔弄坏了，她可真小气！
那支笔或许有不同的意义。
是她爸爸给她买的生日礼物……
如果别人弄坏了你的心爱物品，你也一定会很难过的！
确实是这样。
我们买一支新的送给她，并诚心地道歉吧！
现在，我们去听听音乐吧，我相信明天一切都会好起来的！
谢谢妈妈！

立品修德，是女孩一生的收获

坚强的女孩更容易走向成功

莎士比亚“四大悲剧”之一的《哈姆雷特》中有一句台词道：“女人啊，你的名字叫脆弱。”事实上，在体内女性荷尔蒙的影响下，女孩往往要比男孩脆弱一些，个性方面大多具有抗挫折能力差、娇弱、敏感、忧郁等特点。女孩像水，清澈洁净，温柔娇弱，性格上很少表现出坚韧、强硬的特征。在遭遇挫折时，女孩可能会手足无措，难以独自战胜困难。

晴晴上小学时，各方面的表现都十分优秀，成绩在班里一直名列前茅，家人都为她感到自豪，同学们也非常羡慕她。不过，在她上中学后，情况却有了翻天覆地的变化。由于无法适应学习环境的改变，晴晴经常感到沮丧和惶惑，学习状态一直不好，成绩也一落千丈。有一次期末考试，晴晴发挥得很差，数学成绩不及格，其他科目也只考了 60 多分。要知道，在上小学时，晴晴每个科目都能考 90 多分，而现在她甚至有科目不及格。看到成绩单的时候，巨大的心理落差使她痛哭流涕。尽管老师和父母都给予了她莫大的鼓励，但她仍然觉得自己很失败，没有信心继续学习，甚至产生厌学情绪，把自己关在房间里，不愿再上学了。虽然她在老师和家人的鼓励下继续上学，但性情却变得孤僻起来，很少与同学说说笑笑了。大家都不明白为什么一向聪明伶俐的晴晴，到了中学会退步得这么明显。

在人生历程中，困难和挫折是难免的，我们总要面对形形色色的烦恼，这是正常的，我们也在战胜困难的过程中不断成长。然而，有些女孩没有认识到这一点，偶尔遭遇不顺心的事情便轻言放弃，甚至把自己封闭起来，自暴自弃。这种软弱的性格没有好处。如果女孩不能学会坚强地应对困难和挑战，那么她们的抗压能力只会越来越差，无法感受到生活中的快乐、欢笑、阳光和温暖。只有坚强，才能让女孩坦然面对逆境，迎接生活中的狂风暴雨。因此，父母一定要把自己的女儿培养成一个坚强的人，这是父母完全有能力做到的。具体来说，父母可以从以下两个方面入手。

（1）为女儿合理地设置障碍

睿智的父母不会溺爱自己的女儿，而是培养女儿坚强的品格，教会她们从小养成克服困难的习惯。有时候，为女儿合理地设置障碍也是很有好处的，可以帮助女儿学会依靠自己渡过难关，成为一个坚强、独立的人。为女儿设置障碍，并不意味着打压女儿，而是要培养女儿。为了实现这一目的，父母必须合理地设置障碍，做到以下三点。

第一，锻炼女儿的自制力。坚强的意志离不开自制力，只有学会控制自己，才能不被困难所左右，不被欲望所奴役。有些小游戏可以锻炼自制力，而且很有趣味性，例如，“一二三木头人”。父母不妨与女儿一起玩，这样不仅能让女儿提高自制力，还能培养亲子关系。

第二，培养女儿的挫折意识。父母无法为女儿阻挡生活中的风风雨雨，因此挫折意识对女儿是十分必要的。父母可以教育女儿不要害怕挫折，并且指导女儿如何战胜它。例如，女儿考试成绩较差，就可以鼓励她不要灰心，帮助她总结原因，寻找改进的办法。

第三，教育女儿勤奋刻苦。父母应该注重培养女儿勤奋刻苦的精神，这能帮助女儿克服惰性，提高女儿的抗压能力。勤奋刻苦的女孩在困难面前不会低头认输，她们的人生也会更加精彩。

（2）鼓励女儿坚持下去

“不积跬步，无以至千里。”凡事都有一个积累的过程，可能有很长一段时间见不到成效，但这并不意味着失败，只要坚持就有希望，如果放弃则徒留遗憾。女儿遇到困难时，父母要鼓励她坚持下去，不能让她轻言放弃。只有这样，她才会坚强。

懂得感恩是女孩幸福一生的前提

部分父母有一种错误的认识，即男孩的感恩意识较弱，女孩的则较强，所以不需要教育“贴心小棉袄”学会感恩，她们天生就对父母十分孝顺。这种认识不可取，无论是男孩还是女孩，都要进行感恩教育。

潇潇今年 5 岁了，她是家中的独生女，爷爷奶奶和爸爸妈妈都很爱护她。由于大人的溺爱，潇潇逐渐变得蛮横任性，家里事事都要顺她的心意才行。有一次，潇潇想吃鱼，但是妈妈没有做鱼，结果潇潇大发雷霆，叫嚷着要“绝食”。妈妈生怕潇潇挨饿，只好冒雨到外面买鱼给她吃。这样不体谅大人的孩子，恐怕在长大后也不会心怀感恩，更别说成为父母的“贴心小棉袄”了。

父母对孩子的爱是无私的，他们不要求孩子报答自己。但这并不意味着父母不需要培养孩子的感恩之心，因为感恩的意义并不局限于“孝顺父母”，而是体现在生活的方方面面，与孩子息息相关。

这个周日，10 岁的玲玲没有去外面游玩，也没有在家里吃大餐，而是跟随爸爸妈妈来到老师的家里，给老师送上了一篮香甜的水果。原来，玲玲的成绩从这学期开始就逐渐下滑，因为课程变难了，她无法掌握全部的知识。爸爸妈妈工作很忙，没有时间帮她补习功课。老师知道玲玲遇到学习上的困难后，主动利用自己的休息时间为玲玲详细讲解知识点，并且帮助玲玲制订学习计划。在老师的耐心教导下，玲玲的成绩终于有了明显的提高。玲玲很感激老师的帮助，于是利用周日的闲暇时间，专程到老师家里表达谢意。一篮水果并不贵重，但其中承载的玲玲的感恩之心是无价的。

由此可见，父母不可忽视女儿的感恩教育，要让女儿从小懂得感恩。一个不懂得感恩的女孩，其人生必定不会幸福，因为她的心里没有爱。

感恩是一门人生必修课，它是每个人成长和进步的重要源泉，只有懂得感恩的人，才能感受到生命的美好。父母要尽到自己的责任，让女儿懂得感恩。为此，父母可以从以下三个方面入手。

（1）为女儿树立感恩的榜样

女孩非常喜欢模仿父母，父母就是孩子最好的老师。女孩会不自觉地模仿父母的一言一行，最终内化为自己的品德和修养。因此，父母要为女儿树立感恩的榜样，这对女孩感恩意识的培养是十分重要的。如果父母没有感恩之心，又怎会对女儿产生积极的影响呢？父母应该孝顺自己的长辈，这是感恩最基本的表现，也是做人的重要原则。只有这样，女儿才能在榜样的作用下收获感恩精神，为一生的幸福提供源泉。

（2）向女儿表达自己的爱

有些父母认为，只要付出足够的爱，女儿就会理解父母的苦心，自然就懂得感恩了。实际上，如果女儿单纯地接受爱而不付出爱，便无法对父母的辛苦感同身受，很难对父母产生共情，也就不懂得父母的无私奉献有多么伟大。父母的爱需要表达出来，让女儿真切感受到，这才是培养感恩意识的有效途径。例如，对待因不能吃鱼而大发脾气的潇潇，妈妈可以说："其实妈妈也很想让你吃鱼，鱼肉的营养价值很高，你吃了能长个子。可是家里没有鱼了，外面又下着大雨，不方便出门，过几天我们再吃鱼。"这样，潇潇就能懂得妈妈的心思，明白妈妈不满足自己的要求并非不爱自己，久而久之，便能慢慢学会理解妈妈，进而用自己的方式表达对妈妈的爱。

（3）从日常小事做起

8 岁的娇娇很爱自己的爸爸妈妈，认为他们是世界上最好的人。其实，娇娇的爸爸妈妈都是普通工人，并没有给女儿买过很贵重的礼物，也无法为女儿提供优越的生活条件。不过，他们总是在一些日常小事上表达对女儿的爱。每天晚上，爸爸妈妈都陪伴女儿读书、做功课，即使很劳累也不间断；到了娇娇的生日，爸爸妈妈会精心准备生日礼物，并做一桌女儿最喜欢吃的饭菜；娇娇取得好成绩，爸爸妈妈一定会大加夸赞，并满足女儿的一个小小愿望；娇娇犯了错，爸爸妈妈不是一味责怪，而是安慰女儿……娇娇觉得自己是天底下最幸福的女孩。

培养女儿的感恩意识，要从日常小事做起，正是那些鸡毛蒜皮的小事构成了女孩的童年生活。同时，父母也要注意及时回应女儿的爱，当女儿帮助自己时，就要赞扬她们，不能把感恩当作父母对女儿的单向要求。

让女孩学会宽容待人

林则徐在担任两广总督时，在总督府衙写下一副对联：“海纳百川，有容乃大；壁立千仞，无欲则刚。”评价一个人德行的优劣，其标准必定包括宽容。雨果曾说：“世界上最宽阔的是海洋，比海洋更宽阔的是天空，比天空更宽阔的是人的胸怀。”宽容是一个人立于天地之间所必需的可贵品质。正是有了宽容，我们才不会执着于生活中的琐碎烦恼，从而看到世间的阳光和温暖。遇到不如意的事，如果斤斤计较，不能宽容与自己观点不同的人，就容易被情绪所左右，陷入痛苦的境地。给别人一份宽容，就是给自己一份幸福。生活中要少抱怨、多宽容，这样才能平静地对待风云变幻。宽容能够给人一片广阔的天地，医治心灵的创伤，使人忘记不快，笑对生活。

欣欣今年上小学四年级，她很喜欢在操场上跑步。一天上午，欣欣像往常一样来到操场上跑步，突然有一个足球朝她飞了过来，欣欣躲闪不及，被足球砸到了。她生气地转头看过去，只见同班的小刚急忙跑过来，愧疚地说：“对不起，我不是故意踢到你的。”尽管小刚再三道歉，但欣欣依旧火冒三丈，大声喊道：“操场这么大，你为什么单单踢到我呢？”欣欣对这件事一直耿耿于怀，面对小刚的道歉也不予理睬，始终压制不住内心的气愤。下午，老师临时安排了一场测试，检查同学们近期的学习情况。欣欣正在聚精会神地答题，突然，她的笔坏了，这让她十分慌张。老师察觉出异常，来到欣欣身边了解完情况后，朗声说道："同学们，欣欣的笔坏了。哪位同学有多余的笔可以借给她呢？"话音刚落，小刚就站起身来，说："老师，这支笔给欣欣用吧。"欣欣没想到小刚竟然伸出了援手，她的心里五味杂陈，想起上午自己对他的恶言恶语，不禁感到十分愧疚。测试结束后，欣欣主动找到小刚，向他表达谢意，并为自己上午的刻薄态度道歉。小刚丝毫没有把上午的矛盾放在心上，还说他并没有生欣欣的气，借笔也是同学之间应该做的。

宽容别人，就是善待自己。欣欣和小刚之间产生矛盾，原因就在于不能宽容；而两人最终和解，则正是宽容的结果。有些女孩因为种种原因而蛮横任性，不懂得宽容待人，凡事都把自己放在第一位，对别人的错误不依不饶，却没想到自己被这样对待时会多么悲伤。缺少宽容之心的人，其实是被关在心灵的囚牢之中，见不到人生的阳光，感受不到生命的温暖。培养女孩的宽容之心，是父母必须做的。女孩应该有宽阔的胸襟，与人和谐相处，不能斤斤计较。选择宽容，生命中才能充满阳光，心灵才不会被黑暗所拘囚。心胸开阔，朋友自然就多了，生活也能变得更加快乐。

教导女孩学会宽容，父母不妨从以下三个方面做起。

（1）宽容女孩的过错

父母应该宽容女儿的过错，这样才能为女儿树立一个宽容的榜样。女孩犯错并不可怕，父母不必苛责。有些父母对女儿要求严格，一有过错就紧抓不放，甚至翻出“陈年旧账”，这样不仅起不到积极作用，还会严重打击女孩的自信心，反而不利于女孩的成长。

（2）多表扬女孩的优点

每个孩子都有自己的优缺点，父母应该全面看待，不要带有偏见，以免引起女儿的逆反或自卑心理。女孩其实非常在意父母对自己的看法，父母可以多表扬女儿的优点，这样女孩就能从父母那里得到正向的激励，感受到来自父母的宽容和温暖，进而学会尊重他人。

（3）教会女孩换位思考

有些女孩不能宽容待人，原因可能是不懂得换位思考，做不到推己及人。当女儿与别人产生矛盾的时候，父母可以让女儿试着换位思考，想想如果自己处在别人那样的境地中，又会怎么做。换位思考可以帮助女孩摆脱“以我为主”的想法，慢慢地学会宽容。

善良是女孩最珍贵的礼物

善良是一种美德，可以治愈受伤的心灵。善良与名利、地位无关，它是一种精神力量，告诉人们何为美，教导人们温柔地对待世界。

善良是人类道德中至关重要的一环，无论是个人还是社会，都要在善良的维持下才能和谐发展。善良没有那么复杂，它可能只是一个不经意间的小小举动，虽然微小，但能温暖人心，给人带来昂扬向上的力量。善良是寒冷雪夜里的一炉熊熊的炭火，具有无穷的魅力。“人之初，性本善”。孩子们的天性是善良纯真的，父母应该呵护孩子的幼小心灵，为孩子提供一个幸福的童年，帮助孩子健康成长。

6 岁的琪琪非常善良，经常帮助流浪的小动物，父母对此也十分支持。有一天，琪琪放学回家，和妈妈有说有笑地走在路上。蒙蒙细雨从天上落下来，大地笼罩在一层淡淡的水雾中，琪琪和妈妈打着伞，慢慢往家中走去。在离家不远的一个小公园里，隐隐约约地传来了“喵喵喵”的叫声。琪琪循声走去，在一片草丛里找到了一只小猫。它正缩着身子，竭力往青草下面挤，看样子是想躲雨。但是青草又能有多大呢？结果可想而知，小猫的身子依旧承受着雨滴的侵袭。看着小猫可怜的样子，琪琪不禁生出恻隐之心，转头看着妈妈，说：“妈妈，我们把小猫带回家吧，它在这里躲不了雨。”妈妈同意了，于是琪琪伸手把小猫抱在怀里，跟着妈妈回家了。

到家后，琪琪找到一个纸盒，在里面放了张垫子。琪琪把小猫放到盒子里面，抚摸了它一下，然后到厨房拿来一个小面包，撕成小块喂它。小猫闻了闻放在面前的面包块，然后就狼吞虎咽地吃了起来。琪琪一直到小猫吃饱喝足，才去厨房吃晚饭。吃完晚饭，琪琪决定给小猫洗个澡，妈妈便到厨房帮她烧热水。热水烧好后，琪琪找到一个小盆，往盆里依次倒入热水和凉水，等到水温适宜，就开始给小猫洗澡。琪琪卷起袖子，用手不停地往小猫身上浇温水，洗去小猫身上的泥泞。终于，小猫全身都变得干干净净，再也没有在草下躲雨时的狼狈样了。忙活完一切，琪琪开心地笑了。

善良是每个人都具有的品质，也是女孩心灵成长中的一个重要组成部分。只有善良的女孩才能够与他人和谐相处，在社会中获得成就感。善良不是一蹴而就的，需要经历一个慢慢培养的过程。父母要注意启发女儿的善良天性，教会女儿帮助别人，让女儿在潜移默化中逐渐成长为一个善良的人。具体来说，父母应该做好以下三个方面的工作。

（1）为女孩树立善良的榜样

父母是女儿成长的榜样，其意义不容忽视。父母的一言一行都对女儿具有重大的影响，女儿正是在父母的言传身教中学习做人的道理。父母要为女儿树立善良的榜样，通过自己善良的举止，帮助女儿成为一个善良的人。

父母要在日常生活中展现善良，让女儿接受善良环境的熏陶。例如，父母可以经常关心长辈的身体健康，带他们去医院体检；到了节假日，就带女儿拜访长辈，或者给长辈打电话询问近况……父母要多和女儿交流沟通，交流时要态度亲切、温和，女儿做了好事就及时表扬，多鼓励女儿与人为善，这些都可以让女儿体会到父母的关爱。夫妻之间也要和谐相处，互相尊敬，互相帮助；在爱人过生日时，可以赠送生日礼物；平时可以轮流做家务，相互关心对方的工作情况……这些日常生活中的善良举动，都可以为女孩树立善良的榜样。

生活中的点点滴滴都在人的成长过程中发挥着作用，一件微不足道的小事也有可能产生巨大的影响。善良是在周围环境的熏陶下逐渐形成的一种行为准则。如果父母保持善良的品行，那么女儿就能得到积极的引导。因此，父母要在日常生活中以身作则，为女儿营造一个和谐的家庭环境。

（2）培养女孩的爱心

有爱心是善良的一个重要特征。失去爱心的女孩往往会忽视他人的感受，以自我为中心，把自己的爱憎放在首位。相信不会有人认为这样的女孩是善良的，也不会有人愿意和她们交朋友。由此可见，培养女孩的爱心具有重要意义，父母一定要重视这一点。培养爱心其实并不困难，关键在于女孩的内心认同，因此父母不能采用强制手段，可以从生活细节着手，通过日常小事来培养女孩的爱心，这是很有效的办法。例如，父母可以鼓励女儿养一些花花草草和小动物，只需提供必要的帮助即可，应该尽量让女儿亲自动手，体会照顾它们的酸甜苦辣。芬芳的花朵、翠绿的小草、忠实的小狗、可爱的小猫，既能培养女孩的爱心，也能给家庭生活带来很多乐趣。这些鲜活的小生命，可以让女孩感受到生命的美好，进而激发女孩的爱心，帮助她们学会关爱他人。这个过程可能较长，父母要有足够的耐心。

（3）不能溺爱女孩

有些父母出于爱护女儿的心理，宁愿自己多吃苦，也不想让女儿遭受挫折，因此溺爱女儿，让女儿“衣来伸手，饭来张口”。这是不可取的，因为父母不可能照顾女儿一生。生活中必然存在着艰难曲折，女儿终有一天要独自面对，父母所营造的“温室”只能在一定时期内呵护女儿成长。因此，父母不能溺爱女儿，要适当地让女儿面对困难，体会真实的生活，这对女儿来说未必就是坏事。父母不妨相信女儿，让她试着承担一些简单的劳动，做一些力所能及的小事。溺爱不一定能培养女儿的爱心，只有独自面对生活的困难，女儿才能对父母的爱有更深的理解，从而培养自己的爱心。

谦虚是女孩懂得进取的前提

虚心使人进步，骄傲使人落后。谦虚是一种美德，也是一种智慧，能让人认清自己。然而，在日常生活中，人们经常称赞自家的“小公主”，诸如“乖巧可爱”“聪明伶俐”等评价比比皆是。一些女孩逐渐在赞扬声中迷失自己，越来越骄傲自满。

雯雯上小学四年级，她的学习成绩一直很好，每次考试都是全班第一。父母以她为荣，老师经常夸奖她，同学们也向她投来羡慕的目光。久而久之，雯雯渐渐迷失了自我，沉浸在别人的称赞声中，越来越觉得学习不值一提，自己随随便便就能掌握全部的知识。于是，雯雯变得骄傲起来，不像以前那样认真学习了，对待同学的态度也十分傲慢，导致同学们与她越来越疏远，她却不以为意。领取期末考试成绩单的那天，雯雯哭得很伤心，因为她的成绩下滑了很多。

孔子曾说：“君子泰而不骄，小人骄而不泰。”这句话强调了谦虚的重要意义。谦虚能让人认识到自己的缺点，发现自己与贤者之间的差距，从而产生不断进步的动力。因此，父母在大力夸奖女儿的同时，也一定要避免女儿产生骄傲情绪。谦虚是女孩成长之路上不可或缺的良师益友，既能让女孩明白自己的优缺点，不断积极进取，又能帮助女孩客观地评价他人，与他人和谐相处。只有谦虚，才能给予女孩理智、自信、胸襟和智慧。父母夸奖的目的是给予女儿自信，而不是自负。自信带来的是谦虚，能让女孩锐意进取；自负则招致骄傲，使女孩止步不前。父母要培养女儿谦虚的品德，方法有以下三种。

（1）做谦虚的榜样

榜样的力量是无穷的。有些父母存在错误的认识，或者因为家庭条件比较优越而沾沾自喜，总是以一种高高在上的姿态来对待别人，在女儿面前谈论别人的缺点；或者由于自身能力稍差而自觉不如别人，产生羞愧和自卑的情绪。这些都不利于女孩的成长。要知道，父母是孩子最好的老师，父母的一言一行都会对孩子产生极大的影响。因此，父母首先要具备谦虚的品行，这样才能为女儿做出正确的示范。

（2）正确表扬女孩

父母的表扬对女孩具有巨大的激励作用，能够增强女孩的自信。然而，有一点不容忽视，那就是表扬也有正确和错误之分。如果表扬不当，反而会阻碍女孩的健康成长；只有表扬恰当，才能收获积极的效果。

湘湘的爸爸妈妈都是画家，非常重视女儿的美术训练，因此湘湘自幼便学习绘画，8 岁的她就已经能画出非常生动的画了。爸爸妈妈经常用“无人能比”“智商超高”等过度赞赏的话表扬湘湘，于是湘湘逐渐变得骄傲起来，觉得同学们都不如她，甚至美术老师也比不上她。菲菲的爸爸妈妈也是画家，不过他们在表扬女儿时就没有使用过多的溢美之词，而是用“你很用心”“你很努力”这类激励的话。尽管菲菲的画也很好，但她很谦虚，有时还会主动教其他同学如何绘画。

在日常生活中，女孩大多学习刻苦，因此经常得到别人的表扬。但是如果不注意表扬的方式和技巧，就有可能使女孩产生错误的认识，影响她们客观地评价自己，从而忽视自身存在的缺点，不利于女孩的全面发展。有鉴于此，父母可以根据女儿的情况采取不同的表扬方式。如果女儿凭借自己的能力完成了一件事，就可以使用“你真棒”“你真优秀”之类的肯定能力的话语，这样能激励女儿的上进心；如果女儿竭尽全力却依旧没有做好一件事，就可以使用“你很用心”“你很努力”之类的强调过程的话语，这样不会使女儿的信心遭受打击。如果女儿已经产生了骄傲的情绪，就可以暂时停止表扬，着重纠正女儿的骄傲心理。父母要避免使用“出身好”“容貌美”这类偏重先天条件的话语，以免对女儿造成误导，使她忽视了后天的努力。

此外，父母还要把握三个表扬的原则：第一，表扬要明确具体，指出女儿的可取之处；第二，表扬要结合实际，不能过度；第三，表扬要有拓展性，指明女儿下一步的努力方向。

（3）教会女孩客观地评价自己

有些女孩之所以会骄傲自满，往往是因为她们没有客观地评价自己，对自己缺乏正确的认识。或许她们有一些特长，比如，艺术天赋高、学习成绩好、交际能力强等，但这并不意味着她们就高人一等。实际上，这种特长只是某一方面的，如果放在更大范围内，她们的表现可能就不如别人了。父母应该教会女儿客观地评价自己，看清自己的长处和短处，不断完善自己。此外，父母也要让女儿认识到，别人的帮助是至关重要的。如果女儿取得成绩，父母就要提醒她："你的努力值得肯定，不过也不能忘记老师和同学的帮助。"

诚实守信是女孩灵魂深处的底蕴

成语“一诺千金”说明了诚实守信的可贵。诚实守信是做人之本，与一个人的声誉息息相关，凡是搬弄是非、撒谎成性的人，最终只会得到别人的轻蔑。诚实守信比金钱重要得多，没有它，人生就失去了光明。诚实守信能铸就高尚美好的人生，让生命之树绽放出鲜艳的花朵，为世间留下一缕清香。因此，父母不能忽视对女儿的诚信教育，要从小培养女儿的诚信观念，这将使她受益终身。

芊芊上小学五年级，她的成绩一直很优秀。在一次期中考试之后，芊芊看到成绩单，非常高兴，因为她的数学成绩竟然考了一百分。芊芊拿到试卷后开始检查，没想到发现了一道错题，但老师没发现，依旧给了满分。芊芊心想：“要不要告诉老师这个情况呢？要是告诉了，我就得不到一百分了。可是不告诉的话，不就是撒谎吗？”这时同学们纷纷过来祝贺芊芊，并请芊芊帮他们讲解难题。芊芊害怕同学们发现自己的秘密，就连忙遮住试卷，给同学们讲解难题去了。

放学回到家后，芊芊闷闷不乐，晚饭也没吃多少，就匆匆返回房间去了。妈妈察觉到芊芊的异常，敲开芊芊的房门，询问原因。

芊芊如实告诉了妈妈，并说出了自己的担忧：“我要是说出去，同学们会瞧不起我；可要是不承认错误，我就是个不诚实的孩子了。妈妈，我不知道自己应该怎么办。”妈妈听完，说：“你觉得满分重要，还是诚实重要？”芊芊沉默了片刻，说：“诚实重要。”妈妈说：“那你就知道应该怎么做了。”

第二天，芊芊一大早来到学校，找到老师说明了情况。上课铃响了，老师走上讲台，但没有立即开始讲课。老师说：“同学们，满分重不重要？”同学们齐声回答：“重要。”老师接着说：“昨天芊芊同学发现试卷上有一道错题，今天主动找我说明了情况。虽然得不到满分，但她得到了诚信。同学们说，这值不值得？”同学们都说：“值得。”芊芊非常开心，比考了一百分还要开心。

毫无疑问，芊芊收获了比一百分更重要的诚信，可以说妈妈的诚信教育是十分成功的。其实，每个女孩心里都明白诚信是重要的，父母应该抓住时机，从小培养女儿的诚信精神，在女儿心里树立“诚信为本”的观念。父母可以从日常生活做起。例如，女儿不慎摔碎了碗盘，不要急着批评她，而要鼓励她勇于承认错误。如果女儿主动承认错误，就不必再惩罚她，还可以夸奖她的诚实；要是女儿不敢承认错误，甚至撒谎掩饰的话，就要给予一定的惩罚，比如，扣除零用钱充作购买新碗盆的费用等。严明的奖惩措施会使女儿懂得什么是对、什么是错。

如果父母计划在周末送女儿上辅导班，要是女儿之前已经与朋友约好在周末外出游玩，那么父母也应该尊重女儿，不要强迫女儿失信于人。此外，父母也要重视游戏在女儿成长中的重要作用，不要把游戏一概视为“洪水猛兽”，事实上，游戏也是孩子成长的“课堂”。父母要告诉女儿遵守游戏规则，不可以作弊，这样女儿就能从中懂得诚信的重要性，未来上学后的作业按时完成、考试不作弊，对女孩来说就是“游戏规则”的延续。

诚信是一个重要的道德准则，没有它，无论是个人还是社会，都无法正常发展。没有诚信的女孩，必定不会得到别人的信任，在社会中也无法立足。在诚信教育中，父母的作用不容忽视。为了培养女儿的诚信意识，父母可以从以下四个方面做起。

（1）鼓励女孩诚实守信

由于年龄和阅历的限制，女孩可能不懂得如何正确做事。如果女儿不小心做了错事，父母千万不能责怪，而要鼓励女儿诚实守信，主动承担责任。如果父母对女儿动辄打骂，女儿就不敢对父母敞开心扉，这样一来，留给女孩的就只有撒谎逃避这条路了。

（2）及时制止女孩撒谎

父母绝不能放任女儿撒谎，否则再想让她改正就难了。父母一旦发现女儿没有诚实守信，就要及时制止这种错误行为。父母要让女儿懂得，撒谎就会失去别人的信任，以后再想重新获得别人的信任，就十分困难了。当女孩知道撒谎的代价后，诚实守信的观念就会牢牢地印在心里。

（3）不能轻易许下诺言

父母是女儿的榜样，如果父母轻易许下诺言却不遵守，又怎能期望女儿诚实守信呢？一些父母可能会以购买零食和玩具为借口，欺骗女儿乖乖待在家里不要吵闹，结果女儿倒是听话了，父母却什么奖励也没给。这样做无异于告诉女儿，诺言不是必须遵守的。因此，父母一定不能轻易许下诺言。

（4）不能教女孩撒谎

有些父母可能无意间教女儿撒谎。例如，父母不想为别人提供帮助，就告诉女儿："要是有人打电话找爸爸妈妈，你就说爸爸妈妈出去了不在家。"这样做虽然免除了父母的麻烦，却鼓励了女儿撒谎，是万万不可取的。

妈妈，我来帮您吧

妈妈真辛苦！
爸爸在外地工作。妈妈需要一个人照顾我和年迈的奶奶。
有时妈妈会一边给我们做饭一边工作！
可是妈妈从来不会抱怨一句。
妈妈把家里打理得井井有条。
妈妈，以后我来帮您吧！
我的宝贝长大啦！

谁更美丽

这是刘奶奶家的猫。
哎呀，小猫受伤了！
我们救救它吧！
我才不要呢。
它会弄脏了我新买的裙子的。
小猫，你哪里受伤了？
小猫，你先吃些食物吧！
甜甜，谢谢你，我找了好久。
刘奶奶，小猫好像受伤了，您送它去医院吧！
甜甜，你的心灵像你的外表一样美。

兴趣爱好，让女孩受益匪浅

腹有诗书气自华，让女孩博览群书

高尔基说："书是人类进步的阶梯。"书中汇集了前人的智慧和经验。读的书越多，孩子明白的道理越多，眼界越开阔，思维越敏捷，心胸越开阔，心智越成熟。所以说，妈妈培养女儿良好的阅读习惯，会让孩子终身受益。

为了让女儿养成读书的习惯，妈妈应当下功夫指导她阅读的方法和技巧。当孩子感受到阅读的魅力之后，自然会爱上阅读。

一位父亲，他的两个女儿正在读小学，懂事、乖巧、优秀，思维活跃、兴趣广泛，无论和谁聊天，这两个孩子的话题都丰富得惊人。

"现在物价上涨得厉害，国家应该采取措施了。"

"杨澜阿姨是我的偶像，她不仅口才好，还很敬业。"

"余秋雨的文笔就是好！"

当别人问这位父亲是如何让女儿如此博学时，这位父亲笑着说："其实很简单，那就是让她们多读书，多看报，多写文章。俗话说'书中自有黄金屋'嘛，见识多了，人的整体素质自然也就提高了。"而且，在他的家里，所有称得上是房间的地方都堆满了杂志和各种类型的书籍。

故事中的父亲是智慧的。他不仅为女儿营造了一个良好的读书环境，还把家里布置出书香之气，让女儿随手可以拿到书。我们可以想象，在这样一个家庭环境中成长的小女孩，又怎会不成长为一位知识丰厚、内涵丰富的知性女子？

培养女儿爱读书的习惯，是父母给予女儿最好的礼物。让女孩爱上阅读，既能培养她的求知欲和健全的人格，又能为她提供一种快乐的生活方式。如果女儿就是不爱读书，父母就要帮她纠正这种不良习惯。具体如何纠正呢？可从以下几方面入手。

（1）父母首先要爱阅读

言传身教的力量是很大的，如果父母有良好的阅读习惯，就会对女儿产生潜移默化的影响。她会好奇书里到底有什么好东西，会不自觉地模仿父母。如果父母自己都讨厌读书，就别奢望女儿会喜欢读书。如果你强迫孩子读，孩子还会以“你都不读书”来堵你的嘴。

（2）让女孩体验阅读的魅力

虽然现代网络让我们的生活变得更加便捷、更加丰富，但书籍中的文字所蕴藏的深沉魅力却是网络无法比拟的。当女孩静下心来阅读，以平和的心态在字里行间徜徉，就会发现自己走入了一个充满魅力的迷人世界，那里会令女孩流连忘返、受益无穷。

（3）和女孩一起制订阅读计划

当女儿认识的字越来越多，父母就需要有意识地指导女儿阅读。在引导的过程中，父母可以先全面了解一下女儿的阅读兴趣，选择她感兴趣的书籍，让女儿对阅读有个好的印象。再根据女儿的年龄、特点，慢慢制订阅读计划。

父母给女儿选书，一定要注意选择的书要符合女儿的年龄。处在不同年龄阶段的女孩，对书的阅读能力是不一样的。书的内容过难，女孩理解不了，就会想要放弃；书的内容太简单，吸引力就不大，女孩心里不重视。像两三岁的女孩，最好是提供图片多的画册。例如，教女孩认识动植物的画册等，要选择那些画面构图松散一些的，不要找看起来密密麻麻的。五六岁的女孩，可以给她挑选一些有故事情节的画册，比如说，英雄故事、名人故事等。

（4）让女孩带着问题去读书

女儿有能力阅读后，父母不要做甩手掌柜，应先抽出时间看看女儿要看的书，提出一些问题，让女儿带着这些问题去阅读。等到女儿读完之后，检验一下她是否找到了这些问题的答案，也可以和女儿一起探讨答案。这样做不但避免了女孩囫囵吞枣、敷衍了事，而且还可以激发女孩读书的兴趣，增强女孩阅读的动力。

（5）给女孩选择健康的好书

给女孩选择的书要内容积极、主题鲜明，这样才能帮女孩开启智慧，学习道理。一些带有消极、落后思想或者内容庸俗的书，对女孩身心的健康成长极为不利，妈妈一定要帮女儿过滤掉。如果是女孩自行看的，则要和女孩讲明道理，使之放弃阅读。

阅读能使孩子汲取人类智慧的精华，丰富孩子的精神世界。作为父母，要学会培养女儿的阅读兴趣，增加她的文化底蕴，提升她的文化素质和修养。

舞蹈塑造女孩的形体

形体的优美、肢体的灵活与柔韧、较强的审美能力……恰恰是女孩形成优美气质所必需的。因此要想让女儿成长为一个更加多才多艺、更具个人魅力的女性，父母应从小就注重培养女孩子的舞蹈气质。即使不送女儿进入专业的舞蹈学校进行学习，也要让女儿积极地加入班级或集体组织的舞蹈学习中。

穿上薄薄的纱裙，戴上美丽的装饰，在荧光灯闪烁的舞台上自由舞蹈……很多女孩小时候都曾经做过这样的“舞蹈梦”。

现在，很多父母想把女儿送去学舞蹈，并不是想让孩子成为优秀的舞蹈演员，只是想让孩子练练形体和气质，培养培养兴趣。看看我们身边那些能歌善舞的女孩吧！舞蹈不仅塑造了她们的美丽，更在增添魅力、锻炼体力、磨炼毅力、丰富想象力等多方面，发挥出了举足轻重的作用。

感受到了这么多舞蹈所赋予女孩的优美气质，身为女孩父母的您还有什么好担心的呢？

具体来说，舞蹈带给女孩的好处是很多的，其特有的作用主要有如下几个重要方面。

（1）形体优美

正处于快速生长发育时期的女孩，经过舞蹈训练（如挺胸、抬头、收腹）能使她们站得直，形体优美，且能纠正驼背、端肩等形体问题。

（2）动作协调

舞蹈需要全身各部位的配合，可以锻炼女孩的动作协调性，使孩子更有节奏感。

（3）增强肢体灵活性、柔韧性

经过舞蹈训练，女孩的力量控制、稳定性、耐力等方面的身体素质都会得到提高。

（4）培养审美情感

舞蹈通过音乐、动作、表情、姿态表现内心世界，可使女孩潜移默化地受到艺术表演的熏陶，使女孩热爱生活，并且能欣赏美、体验美。

（5）培养自信心

舞蹈演出能培养女孩表演的能力，使女孩不怯场、表现力强，拥有更好的心理素质。

形体的优美、肢体的灵活与柔韧、较强的审美能力……恰恰是女孩形成优美气质所必需的。因此要想让女儿成长为一个更为多才多艺、更具个人魅力的女性，父母应从小就注重培养女儿的舞蹈气质。即使不送女儿进入专业的舞蹈学校进行学习，也要让女儿积极地加入班级或集体组织的舞蹈学习中。

舞蹈带给女孩的益处，将令她一生受益不尽！

每个女孩，都是天生的舞者，她们在很小的时候就会用手舞足蹈、蹦蹦跳跳来表达自己内心的情感；就会梦想着有朝一日，自己能成为美丽舞台的中心。那么，身为父母的我们，应该怎样去引导女儿学习舞蹈，进而让女儿拥有优美的气质呢？

（1）激发女孩的舞蹈兴趣

要想激发女儿的舞蹈兴趣，妈妈要多带女儿看舞蹈演出，这是激发其舞蹈兴趣的好方法。

晶晶小时候就表现出了舞蹈天赋，只要妈妈一放音乐，她就手舞足蹈起来。妈妈于是经常放一些舞蹈节目给女儿看。此外，妈妈还时常带着女儿去看舞蹈表演。女儿因此对跳舞越来越感兴趣，于是妈妈就将她送到舞蹈班开始学习舞蹈。晶晶就这样开始了学舞之路。

妈妈多带女儿看一些舞蹈表演，其实是对女儿的舞蹈启蒙。舞蹈表演能够给女孩强烈的视觉冲击，让女孩打心底喜欢上舞蹈，从而让女孩对舞蹈产生浓厚的兴趣。舞蹈是一种视觉艺术，是通过人体动作为主要表现手段的艺术，女孩幼小的心灵也极易感受到这种美。

（2）让女孩多听带有节奏感的音乐

舞蹈与音乐是紧密相连的，有舞蹈的地方就会有音乐。妈妈可以建议女儿多听音乐，任她在音乐中自由自在地舞蹈。

琪琪的妈妈很想培养她对舞蹈的兴趣，于是常常将一些节奏感强的音乐放给她听，琪琪经常随着音乐翩翩起舞。随着年龄的增长，琪琪对妈妈提出了想学舞蹈的诉求，妈妈高兴地答应了。琪琪的节奏感和协调性都非常好，老师夸琪琪有舞蹈天赋。琪琪在老师的赞扬下，对舞蹈的热情越来越高涨。

妈妈可以多下载一些优美的乐曲或者带有很强节奏感的音乐给女儿听，培养女儿由心而发的舞蹈动作，这是最原始的，也是最有生命力的舞蹈灵魂。

（3）让女孩快乐学舞蹈

由于女孩年龄太小，在跳舞的过程中，很多动作在成人看来都是不达标的。妈妈遇到这种情况，不要强加苛责，而是要多赞美、鼓励她，让女儿时刻保持对舞蹈的热情，因为快乐是做所有事情的动力。

玲玲开始学习舞蹈了，妈妈为了让她能更容易从跳舞中感受到乐趣，就先挑选一些富有童趣的舞蹈让她学习。

在学舞蹈的过程中，妈妈一定要顾及女儿的心理感受，让女儿多吐露学习舞蹈的心得与体会，让女儿在快乐中学习舞蹈，这样女孩才会既得到了快乐，又愿意学习。兴趣很重要，要让女孩认为跳舞是一件非常好玩的事情，这样她学起来才会更加投入。

（4）避免陷入成人化

成人化就是女孩在表演时，所采用的服装、化妆、故事等，不太符合女孩的年龄特征。在学习舞蹈的过程中，妈妈要保护女儿，避免女儿走入成人路线，因为这样对女孩的自然发展有巨大影响。

不同年龄段的女孩，舞种的选择也不一样，妈妈要注意到这一点，以免女儿选择的舞种进入成人化状态。

音乐提升女孩的灵动气质

随着时代的发展，许多妈妈的观念已经有了变化，正确的音乐教育观念已经扎根在许多妈妈的脑海中：“前两天，我给女儿报了钢琴班和声乐班，而且只要有空，我就会带她去听听音乐会。我倒没有想着非得让她成为什么歌唱家、钢琴家，只是觉得在女儿的成长过程中如果能有艺术的熏陶，一定会有好处。”

“我让女儿学古筝，不是为了让她跟别的孩子比，而是想要塑造她的气质，让她具备一定的艺术修养。”

…………

以上这些想法都是科学、合理的。

作为一种传递心灵感受的语言，音乐不仅能够陶冶女孩的情操，还能够帮助女孩提升文化修养。正是由于从小就受到了音乐的熏陶，很多女孩才会拥有一种与众不同的灵动气质。

不过，在对女儿进行音乐教育之前，很多妈妈都表现出一定的烦恼和顾虑：

“我想尽早让女儿接触一些乐器，但是又怕孩子没有兴趣，或者没有这方面的天赋。”

“这么多的乐器，也不知道女儿喜欢哪种，哪种最适合她学习。”

“这钢琴是我花了大价钱买的，起初女儿觉得新鲜，还兴冲冲地去学、去练。可是大量的练习太过枯燥，孩子的兴趣很快就被消磨掉了，不愿意再练习。”

…………

妈妈会产生这些困惑非常正常，这也是培养女儿的音乐素养时最常见的问题。

那么，妈妈应当怎样培养女儿学习音乐的兴趣呢？

（1）正确引导，选择适合女孩的乐器

孩子学习乐器，就怕是3分钟热度，要让孩子坚持下去，选择乐器也很重要。在选择乐器时，专家给出以下建议：

第一：3岁及3岁以下的女孩，肺活量小，不宜选择吹奏类乐器。

第二：3～5岁的女孩可以选择电子琴、手风琴、钢琴等键盘乐器，5岁半之后可以选择弦乐器。通常来说，女孩在学习一年键盘乐器后，能够基本掌握节奏感和音准，这时再开始学弦乐器效果会更好。但需要注意的是，在帮助女儿挑选乐器时，父母要尊重孩子的兴趣。孩子想学习一门乐器，是因为其对乐器感兴趣。父母不能舍本逐末，将自己的想法强加给孩子，不问女儿愿意不愿意，就强迫她进行学习。这样做，只会得到相反的结果，不仅让孩子不喜欢学习，还有可能让孩子对学习乐器感到恐惧、厌烦。因此，选择

乐器的正确做法是：父母以引导为主，让女儿自己拿主意。

（2）延迟满足，让女孩珍惜学习的机会

很多父母都会埋怨说：“花很多钱给女儿买了钢琴，她弹了几天，就觉得累，不想弹了。后来，她又对吉他感兴趣，我们没办法又给她买了吉他，但她刚弹两天，又嫌累不想弹了。孩子怎么这么没有毅力呢！”

其实，之所以孩子学了没两天就放弃了，是因为她们得到的太容易了。科学实验证明，孩子越容易实现的愿望，他们就越不会珍惜。因此，希望女儿能在音乐方面有所成就的父母，一定不要那么快地满足孩子购买乐器的愿望。

绘画能力让女孩感悟美

小兰非常喜欢画画，每次画之前她都会在脑子里构思好要画什么东西，然后再将它呈现在画纸上，画完后她还认真地涂上自己喜欢的颜色。

有时候她不知道天空的颜色要用深蓝还是浅蓝，她就两种颜色一起用上，然后看着自己的作品得意扬扬。

一次她跟爸爸妈妈一起去公园玩耍，玩得非常尽兴，晚上回到家后，她就把白天在公园里玩的画面画了下来。画完后她拿去给妈妈看，妈妈看到后高兴地说："宝贝真棒，画得太形象了！"

没有天生不会画画的女孩，只有没有受到良好的指引而逐渐丧失画画兴趣的女孩。女孩天生就喜欢四处涂鸦，这是女孩表达内心的一种方式。女孩喜欢用笔来将头脑里各种奇怪的念头通过线条表达出来，这是女孩内心想法的外在表现。

如果父母想培养出在画画方面有所成就的女儿，首先不要用评判成人绘画作品的眼光来看待女儿的绘画作品。任何一句对女儿作品的批判，都有可能让女儿丧失对绘画的热情。

父母要对女儿的绘画热情进行鼓励。现在很多父母都急于求成，在女儿的学习中，过分强调技巧，而忽略了女儿的创造力，这是不可取的。

女孩的美术天赋主要表现在能用线条、色彩等来传达自己的内心，这是急需灵感和创意的工作，假如只是注重技巧，是达不到一流艺术家的水平的。妈妈首先要做的是让女儿对绘画保持兴趣，然后再让女儿慢慢掌握绘画技巧。

（1）妈妈要欣赏女儿的涂鸦

当妈妈看到女儿在家里到处涂鸦时，不要一味斥责她，而是要用欣赏的眼光给予肯定。夏天平时在家喜欢在墙壁上和柜子上画画，虽然家里的墙壁涂上了油漆，但是总清洗也特别麻烦。所以妈妈一看到她要去画，就立即进行制止。

妈妈发现她对绘画有着浓厚的兴趣，于是带着她来到商店，给她买了画纸、画笔、颜料等绘画工具。

自此，夏天只要想画画，就会拿起画笔，铺开画纸，调好颜料进行作画。女孩喜欢涂鸦是美术天赋的体现，妈妈要保护好女儿的这种天赋。怀着赞赏的目光来看待女儿的涂鸦，可以让女儿保持对绘画的热情。

（2）给女儿的成绩以赞赏

妈妈在女儿刚开始学画画的过程中要给予热情的关注，只要女儿有一点进步，都要及时发现并表示赞许与肯定。女孩的进步需要妈妈的持续鼓励与赞美。

要让女孩在画画的过程中享受到快乐，获得成就感。只有感受到快乐与成就感，女孩才能在绘画方面有所建树。妈妈的赞赏会给女儿极大的鼓励。

（3）妈妈不要急功近利

妈妈在女儿学习的过程中最急功近利的表现就是，让女儿对各种绘画技巧铭记于心，倒背如流，然后再让她在各种绘画比赛中获奖。这样会让女孩产生很大压力，同时会让女孩逐渐失去对绘画的热情。

妈妈如果想让女儿真正地爱上绘画，就要让绘画成为女儿灵魂的一部分，这样才能发挥出女儿的潜能，让女儿越学越起劲。盲目地追求功利，对小女孩来说，无疑是个灾难。

朱燕 3 岁便开始学习绘画，妈妈对她要求非常严格，期盼她每天都有进步，希望她能用最短的时间掌握各种绘画技巧。只有她取得进步时，妈妈才会露出微笑，否则，妈妈就会板着张脸，大声斥责朱燕，认为朱燕肯定是在偷懒。其实朱燕非常喜欢画画，但妈妈这种严苛的管教让她无所适从。朱燕觉得每天画画就像是在应付差事，让她有很大压力，完全感受不到绘画带来的乐趣。

所以妈妈在让女儿学画的过程中，一定要循序渐进，不能贪多求快。学习是个循序渐进的过程，画画也是，不能一口吃个胖子。最关键的是，要保护好女孩的创造力。

（4）把女孩带进艺术的氛围中

培养女孩画画的兴趣，并让她找到灵感，最好的办法是将女孩带入艺术的氛围中。只有受到周围艺术氛围的熏陶，女孩才能真正体会到艺术的美，才能融入进去，也才能找到自己的偶像，从而在这方面有所建树。

妈妈可以带女儿购买一些好的绘画作品，或者带她参观画展、美术馆，经常讲一些著名画家的成长史。也可以领着女儿去参观一些艺术类院校，让女儿产生对上艺校的憧憬。

热爱运动的女孩充满活力

只有拥有健康的体魄才能从事一切活动，对于女孩来说也不例外。坚持体育锻炼对女孩的身体发育有极大的好处，而且有助于培养她们的决心和毅力。父母要想女儿有一个健康的体魄，最好从小就让她们养成锻炼的好习惯。那么怎样才能让她们养成锻炼的好习惯呢？首先，父母要引导她们对运动产生兴趣。现代科技方便了人们生活的各个方面，但也让人们的生活方式变得很不健康。不仅仅是成人，许多孩子也逐渐受到了影响，很多女孩痴迷于手机游戏与电视节目，常常一整天拿着手机或盯着电视，几乎不动弹一下。假如你家的女儿已经出现了这种状况，父母就要尽快进行干预。如果时间允许的话，父母可以带着女儿做有趣的运动，例如，打球、游泳。这些简单有趣的运动，不仅可以让女孩锻炼身体，还能帮助她们改正不良的生活习惯。

父母是女儿的第一任老师，要想让女儿从小养成运动的习惯，父母最好以身作则。孩子喜欢模仿成人，父母的一举一动都被孩子看在眼里。假如你自己就是一个懒散的人，又怎么能够教育出一个喜爱运动的女儿呢？所以，那些殷切希望女儿能热爱运动的父母，抓紧时间，开始运动吧！冰冻三尺，非一日之寒，同理，一个习惯也不是一朝一夕就能养成的。为了让女儿养成经常锻炼的习惯，父母最好做出周密的计划。如果能让女儿参与计划的制订，那就更好了，因为这样能增加女儿的被信赖感，在计划实行时，女儿也容易接受。需要注意的是，父母在制订计划时要考虑女儿的实际情况，不可偏离实际。此外，父母应该及时对女儿给予鼓励，以增强女儿的自信心。

调查显示，坚持运动不仅能够促进女孩的身体发育，而且对女孩的人格发育也有很大影响。一般来说，喜欢运动的女孩更加乐观自信。同时，在运动的过程中，女孩往往要克服自己身体的局限，需要与自我的极限做斗争，这十分有利于女孩心智的发育。如今，社会生活节奏很快，父母忙于挣钱养家，几乎没有时间来陪伴孩子。下面我们就介绍几种简单、省时间的运动，对于工作繁忙的父母来说，这样的运动是很好的选择。

一是做体操。这个运动不挑场地，随时随地都能做。当然，为了让女儿坚持每天做体操，父母可以对这项运动增加点趣味性。例如，父母可以多选择几种体操，按星期分配，如果动作做得标准，父母还可以适当给予女儿奖励。二是跑步。这有助于增加女孩的肺活量，父母可以陪同女儿在环境优美的地方跑步，比如，河边、公园里，这样不仅锻炼了女孩的身体，而且让女孩呼吸到了新鲜空气，也与大自然有了亲密接触。三是打羽毛球。这项运动是多人运动，可以增加女孩与父母的互动，增进亲子感情。同时，打羽毛球还有助于提高女孩的协调能力，增强女孩的视力。四是，玩陀螺。玩陀螺可以增强女孩的成就感，同时玩陀螺对肩颈和腰部有好处。而且，父母们一定要铭记，让女儿运动，目的不是让她将来成为一个伟大的运动员，为国争光，所以运动过程中不用那么教条刻板，可以多加点花样进去，也可以让其他家庭成员加入进来，这样不仅锻炼了女孩的身体，还有助于家庭和谐。

优雅的女孩

在音乐中艾艾优雅地旋转着，舞蹈是送给女孩最好的礼物。

我们去打球吧

第六章

气质和魅力，让女孩闪闪发光

举止优雅，培养女孩的淑女气质

对大多数父母来说，举止优雅仍是女孩子应有的样子。举止优雅意味着，为人处世有礼有节；举止优雅意味着，懂得用餐礼仪；举止优雅意味着，不顶撞父母，在他人发言时能够做到认真聆听；举止优雅意味着，尊重他人，时刻为他人着想，给予他人应有的帮助；举止优雅意味着，要做个文明人，不说脏话……总之，培养女孩优雅的举止对其发展至关重要，它不但令女孩看起来端庄、大气，使得女孩成长为一个小淑女，还会为长大后的女孩带来无穷魅力。对此，步入社会的我们深有体会。

然而事实上，“把活泼好动的女儿培养成举止优雅的淑女”成了许多父母面临的难题。

有位父亲十分羡慕邻居有个干干净净、说话慢条斯理的女儿，自己的女儿则是个“淘气包”，喜欢吵吵嚷嚷，做事毛毛躁躁，时常把家里弄得鸡飞狗跳。他很是忧心，不知道如何才能使女儿成为一个小淑女。

一个女孩的行为举止像极了男孩，像男孩一样经常闯祸，无法融入女孩的群体，那真是一件糟糕的事情。倘若父母采用放任政策，女儿也许难以融入同性圈子；倘若父母的管束过于严格，也许会令女儿的天性受到禁锢。

为人父母，我们到底该如何做，才能令女儿改掉不良的行为习惯、逐步造就她们优雅的气质呢？

答案便是耳濡目染，循序渐进。

进一步分析，“耳濡目染，循序渐进”的原则可归结为以下三个方面：对其管束，但切勿强制；对其尊重，但切勿放任自流；加以指导，但切勿操之过急。

不同的女孩有不同的性格，有的女孩俏皮灵动，有的女孩温柔娴静。所以，父母打算把自己的掌上明珠培养成窈窕淑女，就要灵活地选取策略。

（1）正确指导精力过于充沛的女孩

尽管受女性荷尔蒙的支配，许多女孩看起来十分文静，可不断变化的时代及教育方式使“假小子”越来越多。

10 岁的茜茜因为身手敏捷被同学们取了个“小旋风”的绰号，她喜欢玩一些具有挑战性的体育项目，不仅单双杠玩得好，足球踢得也很棒。有一次，学校准备组织一场足球比赛，许多同学都踊跃报名参加，由体育委员统计报名人数。报名结果出来后，老师发现女足队还差一个人，球技一流的茜茜却没有报名。老师满腹疑惑，于是询问茜茜不参加比赛的原因。

茜茜解释说：“妈妈说踢足球的女孩不淑女，不准我再踢球了，不然就没收我的零花钱。”

看完这则事例，父母们可能会问：“以没收零花钱的方式便能令淘气包似的女儿成为小淑女吗？这种培养女孩的方式可取吗？”

上述的担忧不无道理。采取强硬措施，令一个性子活泼、精力旺盛的女孩变得文文静静并不是合理的方式。这不但对女孩的身心发展不利，还会剥夺女孩童年的快乐。

除此之外，优雅女孩的标准不仅有处事沉稳，还有心地善良、学识渊博、彬彬有礼、有容人之雅量等，这并非是没收零花钱就能解决的。

对于精力充沛的女儿，父母应当采取适当的教育方式引导孩子把精力用在正确的事情上。第一，随着女儿日渐长大，父母可以逐步指导孩子在安静的环境里做一些专注的事情。比如，弹琴、绘画、练字、剪纸、陶艺、下棋等，这样的活动对提高女孩的专注性很有益处。第二，对于精力充沛的小女孩，父母可以给孩子买各种各样的体育器材，如风筝、小自行车、小皮球、儿童剑、旱冰鞋等，这些东西很受女孩欢迎，可以激发女孩对体育运动的兴趣，培养女孩良好的爱好。

（2）父母要以身作则

父母是孩子的第一任老师，因此女孩的淑女养成计划更需要父母以身作则。一位爸爸接受采访时说道：“小孩子的模仿能力特别强。你的一言一行她都看在眼里。有一回邻居家的小弟弟看上了女儿的玩具，看在邻居的面子上，我把玩具送给了小弟弟，惹得女儿非常生气，她忍不住开始骂脏话。我指责她‘女孩怎么能说脏话呢？’

没想到女儿愤愤不平地说‘爸爸妈妈吵架时也是这么说的’。我一听觉得不得了，自此之后，决定为孩子树立一个好榜样，不管多生气也不当着孩子的面说脏字了。”

这样的例子还有许多，父母的言行举止会对女儿的成长产生巨大影响。倘若母亲使用不文明用语，女儿多多少少也会养成说脏话的坏毛病；父亲的举止放荡不羁，女儿可能会耳濡目染……因此，要想拥有一个端庄的女儿，首先就需要父母的言行具有绅士、优雅的风度。如此一来，培养出一个缩小版的自己也就不是什么难事了。

（3）让女孩明白什么是优雅的举止

优雅的举止具备相应的准则。父母可以按照下面几则标准对女儿日常生活中的行为举止予以规范。

仪表：拥有整洁的仪容仪表再重要不过了。父母应当要求女儿保持脸、脖子和手的清洁；勤洗头、不留长指甲；早晚刷牙，吃完东西要漱口，注重清洁口腔；时常洗浴；着装要整洁、干净、得体。

举止：父母应对女儿的行、立、坐和行为等方面提出一些明确的规定。比如，站如松，坐如钟。站姿和坐姿应当优雅，要挺胸、抬头、收腹，不要蔫头耷脑、弯腰驼背、脖子前倾等。行为举止文明，避免在公共场合做出挖鼻子、剔牙、掏耳朵等不雅行为。

神态：父母要告诉女儿，和人相处时要表达出对他人的善意、尊重和理解，要保持微笑。

言语：父母要培养女儿使用文明礼貌用语的好习惯，例如，时常把“您好”“请”“谢谢”“对不起”“没关系”等挂在嘴边。

需要注意的是，父母教导女儿要举止优雅时，要循循善诱，因势利导，不能用命令、教训的口吻，以免造成女儿的逆反心理。当女孩自然而然地把举止优雅当成一种习惯，就说明她真的成为一个小淑女了。

（4）父母要多引导和赞美女儿

有时候，女孩做出一些不当的行为是因为她们思虑不周，并非有意为之。所以，倘若父母对女儿疾言厉色，搬出行为规范来约束女儿，常常会导致其产生厌烦情绪，达到适得其反的效果。所以，想培养女孩优雅的举止，最好在适当的时机给予其提示，并在女孩完成目标后对其及时表扬。国庆节，一位父亲带女儿到奶奶家做客前，提示女儿：“一会儿到了奶奶家里，如果你能在用餐时给奶奶夹菜，饭后主动收拾碗筷，我会很高兴。”回家以后，父亲对女儿的表现十分满意，他表扬女儿说：“你今天为奶奶夹菜，收拾碗筷，不只我高兴，就连奶奶也夸你长大了呢。”

一般而言，孩子会把父母的提示铭记于心，不辜负父母的期望。而父母及时对孩子的行为加以褒奖，就能巩固孩子这种良好的行为习惯。时常对孩子进行提示和表扬，很快你就会欣慰地发现，无须再给予提示，记得及时表扬就行了。

除此之外，父母也可以制定一些家庭成员行为准则，进而培养女儿优雅的举止。例如，倘若你想说：“你这孩子真没修养，怎么能把饭汤洒在桌子上呢！”不如这样告诫女儿：“咱们家的家规是，用餐时不要把食物残渣遗留在桌子上。”如此说，女儿的接受程度会比较高，原因是你讲述的是一种规则，而不是在指责、批评她。

温柔不软弱的女孩有魅力

很多女孩的父母都希望自己的女儿是乖顺温柔的淑女，于是便教育女儿从小安分守己。如果女儿在外面和别人起了争执，甚至大打出手，父母不管三七二十一，先将自己的女儿批评一番。女孩分不清“温柔”和“胡闹”的界限，为了避免被父母批评，不敢惹是生非，挨了欺负不敢还手，受了委屈也不敢争辩。时间一长，就会形成懦弱、糊涂的性格。

最近几天，聪聪看起来有些反常，每天放学回家都比平时晚很多，回到家也是一个人躲在卧室里，就连最喜欢看的动画片都不看了。聪聪的妈妈担心地询问她在学校里发生了什么事情，聪聪回答说是因为老师要她改完卷子的错题才能回家。妈妈信以为真，以为聪聪跟不上学习进度，于是每天下班后都抽出时间辅导她功课。但是聪聪的情况一直没有好转。直到妈妈给聪聪洗澡时才发现她的身上有多处淤青，经过询问后才知道聪聪每天都会被班里的同学逼迫做值日，如果她拒绝，就会被他们拳打脚踢。

无独有偶，身材瘦小、性格内向的乐乐以前也总是班里的“受气包”。为了乐乐能茁壮成长，爸爸决定让乐乐学习一项防身技能。

他为乐乐报了空手道培训班，每个周末都接送她参加培训，自己也和老师学了几招，闲暇时和乐乐“过招”“拆招”。这种方式激发了乐乐对空手道的兴趣，过了一段时间，她不再胆怯怕事，而是变得自信、开朗了很多。有一天，乐乐一回到家就迫不及待地向爸爸分享自己的“战绩”：“那群欺负我的人又找上门来了，这次我不再是从前的我了，一个回旋踢就把他们吓得‘夹着尾巴’逃跑了，我是不是很棒？”爸爸对女儿的变化颇为欣慰，他不禁夸赞：“乐乐你真棒！但空手道主要是用来防身的，点到即止，不要仗着本领高就随便欺负人啊。”乐乐答应了。

女孩在成长过程中很难一帆风顺，遭受欺负是难免的，特别是性格怯弱的女孩，遭受了不公平的对待也没有勇气告诉父母和老师，而是选择委曲求全。一回、两回，父母可以为孩子出头，却不能一天二十四小时随叫随到。女孩在父母不在的时候遭受欺负该怎样做呢？和男孩相比，女孩的内心更加敏感细腻，受了欺负后，心理上的伤口更难治愈。身为父母，我们怎么做才能防患于未然呢？

（1）教育女孩敢于表达自己的感受，被欺负不能忍气吞声

由于孩童的心智尚未发展成熟，心里对是非界限的划分不是很清晰，所以不管是小孩欺负别人还是遭受欺负都很常见。女孩遭受欺负也许是多方面的原因，往往不敢和他人提起，默默地承担所有的伤心和憋屈。此时，察觉到端倪的父母一定不能放任不管。委屈长期憋在心里会对女孩的身体、心理造成伤害，严重者会产生心理障碍，所以父母应当指导女儿主动倾诉心事，减小女儿心理上承受

的压力，使女儿重获愉悦的心情。

（2）培养自信的女孩

一般而言，被欺负的女孩都是胆怯、自卑的，父母应当时常对女儿进行鼓励和夸奖，培养女儿正确的价值观。父母作为女儿最亲近的人，应当培养女儿的自信心，对女儿付出的努力给予肯定，令女儿发现自己的价值，避免过分看轻自己，产生自卑的心理。

（3）教会女孩保护自己

上文的例子中，乐乐的爸爸发现乐乐遭受欺负后，选择给她报名参加空手道培训，这样乐乐便能自己保护自己了，这确实是一种好办法。除此之外，父母也可以让女儿通过打网球、游泳等体育活动来提高身体素质，进而增强自信心。父母不可能时刻做女儿的保护伞，女儿总有一天要独立生活，为了避免女儿遭受欺负，应让她们学会自己保护自己。女孩遭人欺负时，应当大声说“不”，敢于战胜邪恶力量，而非任人宰割。

果树上长着一些果子，有的又大又饱满，有的又小又干瘪。试问一场风吹雨打过后，哪种果子更容易掉到地上？表面上看，又干又小的果实因重量较轻而不容易被风雨打落枝头，所以肯定有人会认为，掉落在地的都是圆润饱满的果子，然而，事实并非如此。莎士比亚说过：“最软弱的果子最先落在地上。”同理可证，懦弱的人最先被社会淘汰，沦为强者的垫脚石。因此，女孩应该外柔内刚，要摒弃懦弱的处事态度，懂得保护自己，这样才能在磨砺中不断成长。

提升表达能力，让女孩的气质更出众

在语言能力上，女孩的发展要早于男孩。当龙凤胎中的哥哥只能讲几句简单的话时，也许妹妹已经能够流利地复述故事了。不过一部分父母也为女儿的说话能力劳心。他们抱怨道："女儿经常叽里呱啦地讲个不停，也没个重点，搞得我一头雾水。""女儿虽然十分能说，但是一点也不擅长朗读课文，经常读得磕磕绊绊。"

上述女孩父母的诉苦中有个共同点：孩子具有很强的说话能力，但是不具备表达能力。虽然这些女孩爱说，但是前言不搭后语，更别提声情并茂、谈吐幽默、口才出众了。

问题来了，是什么原因导致爱说的女孩不会说了呢？

除了遗传、个性等因素，这种现象还与父母对孩子的语言启蒙训练有着密切的关联。倩倩刚会说话以后，妈妈便不再特意教她讲话了。倩倩的妈妈认为，自己的闺女天生爱说，就算不刻意教导，倩倩的表达能力也不会有什么大问题。令她意想不到的是，倩倩 8 岁后，讲话开始逻辑混乱，常常令人搞不懂她在说什么。老师对倩倩的情况十分重视，对此还跟倩倩的妈妈进行语音通话来交流此事。此事的原因出自妈妈，妈妈想当然地以为"爱说"等于"会说"，从而忽略了对倩倩思维逻辑的培养，才导致了这种情况的发生。可见语言启蒙训练的不充分，对孩子语言表达能力的发展会产生恶劣的影响。因此，父母们不应当止步于教会孩子说话，还要教孩子把话讲得有理有据，如何与他人沟通，在不同的场合应该说些什么话。语言表达能力是一个人走向成功之路的基本功，如果女孩自小便拥有出众的表达能力，相信等她长大后，不管是想做记者、主持人，还是律师、谈判官等，都不会因语言表达能力不足而望而却步。

不管时代如何变化、世界如何发展，人们的生活都离不开交流，因此语言表达能力已经成为评判人才素质的一项指标。况且，拥有较强的语言表达能力也为学习文字打下基础。不少小学语文老师认为，相较于一般的孩子，口语表达能力较强的孩子上了小学后，在认字、遣词造句、写作文等方面都会进步较快。

有数据显示，孩子语言表达能力的启蒙和快速发展时期是童年时期。所以，父母一定要在此期间结合女儿的性格，采用恰当的方式提高女儿的表达能力。

（1）教女孩说完整的话

一些女孩表达语言的能力不强，主要在于她们不清楚有什么表达方式，不清楚怎样才能完整地表达自己的见解。比如，很小的孩子饿了会说“吃饭饭”，这样单一的表达方式对其语言表达能力的发展十分不利。此时，父母需要教女儿学会正确的表达方式，令女儿知道怎样组织语言，完整地表达主要内容。除此之外，咬字清晰、用词精准、表达生动也是十分重要的。父母也应该以身作则，与人交流时尽可能多说长句子，语言不要过于单薄，最好能生动活泼。

（2）扩充词汇量，多用修辞方式

教育女孩平时注重积累词语，在表达的过程中使用拟人、比喻等修辞手法，也是令女孩的语言更有文采的行之有效的方式之一。当女孩能轻而易举地使用多种形式的语句抒发自己的感情时，就意味着她的语言表达能力更上一层楼了。

（3）注重锻炼女孩说话

当女孩由易到难地学习说话时，父母也应当注重提高女儿的语言表达能力。下面有一个值得我们借鉴的例子。

女孩糖糖刚上幼儿园，妈妈就买了《绕口令》和《睡前五分钟》。她教糖糖说绕口令，先是让她反复朗读，然后鼓励她逐渐快速说绕口令，其中有一篇是《板凳与扁担》："板凳宽，扁担长。扁担没有板凳宽，板凳没有扁担长。扁担绑在板凳上，板凳不让扁担绑在板凳上，扁担偏要扁担绑在板凳上。"经过一段时间的训练，糖糖话说得流利多了。除此之外，妈妈每天晚上睡前还给糖糖讲述《睡前五分钟》，并且在讲完后让糖糖复述故事。一开始糖糖对故事的记忆并不是很清晰，妈妈需要补充她没有讲到的内容，渐渐地，糖糖能把故事记熟了，而且把故事讲得有条有理。糖糖上一年级后，妈妈开始让她看一些有教育意义的动画片和故事书，并让她复述其中的内容，提升她说话的连贯性。

如今，凭借出众的语言表达能力，糖糖不但斩获了各大演讲比赛的众多奖项，还在校园联欢会上担任主持人。

快速说绕口令可以提高语言流畅度，复述故事能增强语言的条理性。在女孩的幼儿园到小学阶段，父母可以采取这样的训练方式。女孩对阅读、朗诵等活动产生一定的兴趣后，其语言表达能力的进步指日可待。

除此之外，父母或许可以和女儿一起投入锻炼说话的游戏，比如，开展家庭演讲比赛、家庭成语接龙比赛、猜灯谜比赛等。通过游戏的方式激发女孩对语言的兴趣，令其学得轻松，学得愉快。这种方式不仅能锻炼女孩的语言表达能力，还对其记忆能力、想象能力、应变能力、概括能力、发散思维能力等具有提升作用。

自信的女孩最美

有一种说法是，自信是天生就有的，有的人生下来就充满自信，而有的人无论如何努力也无法拥有自信。甚至有人会说，“我就是不自信，这也没法治”“天生自信的人真是幸运极了”。这种思想是不对的，一个人拥有的自信是在成长阶段中积累起来的。换而言之，我们完全可以经过后天的培养形成自信。

李菲今年刚上四年级，之前没有当过任何班干部，她非常渴望担任班里的文艺委员，但是害怕同学不选她。妈妈了解了她的想法后，鼓励她在竞选大会上勇敢地站到台上，告诉大家自己愿意为班集体服务，用真诚打动大家，实现自己当文艺委员的愿望。

在妈妈的鼓励下，李菲参加了班干部竞选，害羞地登上了讲台，热情而真诚地对大家说：“同学们，虽然我学习成绩不太好，但是我非常喜欢文艺活动，特别想为大家服务，我相信自己能成为一个好的文艺委员，请你们投我一票吧！”

台下的同学被李菲的真诚和自信打动了，给了她热烈的掌声，并且同意让她担任文艺委员，李菲激动得哭了。自从成为文艺委员后，李菲积极组织同学们参加学校的体育活动，赢得了全校师生的一致好评。

高尔基说："凡是坚信自己，并且坚信自己的思想具有生命力的人，一定会跨过一切障碍。"这便是自信心的威力。自信是向成功迈出的第一步，可以激发人的潜能。自信可以使人排除万难，化腐朽为神奇。

在教育女儿的过程中，父母不但要对女儿有信心，还要帮助女儿树立自信心，令其茁壮成长。

作为父母，怎样才能培养女儿的自信呢？

（1）要给女儿创造展露才能的条件

关于女儿的事情，父母切勿大包大揽和放任不管。所有女儿力所能及的事，只要方向是正确的，父母都应当支持她去做。当女儿失败后，父母应当给予其充分的鼓励和安慰，帮助她寻找原因，保护女儿的自信心。

（2）让女儿坚定信念

很多缺少自信的女孩是自卑的。为了使女儿不致陷入自卑中，父母要教育女儿时刻秉持一种信念，即"我可以""我能做好"。

（3）制止女儿的消极言语

自卑的女孩习惯于说"我不行""我压根就是这样"等。倘若女孩动不动就这样言语消极，不但没有树立自信心的可能性，而且还会在自卑的道路上越走越远。因此，父母务必要制止女儿的消极言语。

拒绝情绪化，做理性的女孩

小雅上小学三年级，是班里的优秀学生，老师一直很喜欢她。但是有一天，小雅在课堂上被老师当众批评了。放学回家后，小雅闷闷不乐，吃完晚饭后便把自己关在房间里生闷气。妈妈察觉到小雅的异常，问她在学校发生了什么不高兴的事。小雅说："今天上课的时候，后排同学问我一道题，我帮他解答，老师就说我跟别的同学交头接耳，当众批评了我。我明明是在帮同学解答问题，老师为什么要批评我呢？"妈妈说："小雅，这就是你的不对了，怎么能埋怨老师呢？上课的时候要认真听讲，有问题可以课后解答，没必要占用课堂时间。虽然你是好意，但是你的确违反了课堂纪律，而且可能影响到周围同学听课。如果你是老师，看到同学没有认真听讲，而是和其他同学讲话，那么你会怎么做呢？"小雅听完，沉默了一会儿，说："妈妈，我懂了。我确实有错，不应该埋怨老师。"于是，小雅的怨气没有了。

理智是一个人对事物进行了解、认识、思考、理解和判断的能力。与理智相对的就是情绪化。情绪化是指容易受外界影响而产生强烈的情绪波动的一种心理状态。理智的基础是理性、客观，情绪化的基础是感性、主观。如果缺乏理智而采用情绪化的方式处理事务，就很难客观、冷静地分析问题。面对现实生活中的种种困难，只有保持理智，拒绝情绪化，才能做出合理的判断，妥善地处理各种难题。

每个人都有理智，但有时仍可能被情绪所支配，因此，时而表现出理性的一面，时而表现出感性的一面。理性与感性的同时冲击，可能会影响人们合理地解决难题。一般来说，理性是更加科学合理的做事方式。一个人要想把事情做好，就必须理性地分析事物的本质，在此基础上才能做出客观的判断。相比之下，感性就稍显逊色了。感性的人往往脱离现实，凭主观情绪来做事，根据自己的爱憎来评价事物，缺乏对事物本质的客观冷静的分析。这样的人是很难把事情做好的。如果一个人被情绪所支配，则这个人的人际关系也会受到负面影响，进而使这个人常常感到痛苦。人是理性与感性的复杂结合体，做事时难免受到主观情绪的影响，但是不应该感情用事，否则往往不能取得令人满意的结果。

相比于男孩，女孩大多重感情，容易采取情绪化的方式处理问题，最终往往无法取得令人满意的结果。情绪化的女孩往往比较冲动，不能客观地看待挫折，在人生的旅程中可能会走弯路，只有理智的女孩才不会感情用事，从而更好地处理问题。因此，父母要帮助女儿学会理智，拒绝情绪化，以下是给予父母的五点建议。

（1）树立理智的榜样

父母的行为会在很大程度上影响女儿的心智发展，因此父母应该树立理智的榜样，避免情绪化地处理问题，从而使女儿耳濡目染，逐渐成为一个理智的人。当女儿面临困难而无法妥善处理问题时，父母要保持理智，不要一味地苛责，可以帮助女儿分析原因，指导女儿寻找解决办法。这样长期坚持下去，女儿就能慢慢地学会理智做事，减少情绪化的干扰。

（2）指导女孩分析现实

现实是不以人的意志为转移的，任何人做事都要在尊重现实的基础上才能成功。由于年龄较小、阅历有限，女孩可能不懂得如何分析现实，这就影响到女孩理智地处理问题。因此，父母应该教导女儿分析现实，了解理想与现实的差距，帮助她们客观冷静地看待矛盾和冲突，避免被情绪所左右，从而更好地解决问题。

（3）教会女孩做出可行的决定

只有做出可行的决定，才能妥善地解决问题。如果做事不讲客观实际，只凭主观臆断，这样做出的决定就是不可行的。如果女孩出现这样的情况，就犹如修建空中楼阁一样，注定遭受失败，女孩的自信心也会因此受损。因此，父母要教会女儿脚踏实地，让女儿抛弃不切实际的想法，做出可行的决定。

（4）教育女孩实事求是

从客观实际出发，探索事物的内在规律，在尊重事实的基础上处理问题，这就是“实事求是”的要求。如果没有把握实事求是的原则，就会忽视现实情况，把主观猜想当作真理，做事缺乏可靠的依据。“海市蜃楼”固然美丽，但脱离现实的事物终究会像竹篮打水那样一无所得。父母要教育女儿实事求是，谨慎地处理问题，不能妄下结论。

（5）培养女孩的逻辑思维能力

逻辑思维能力强调理性，与要求感性的文学不同。由于文学作品的趣味性较强，所以很多女孩用在阅读上的时间较多，用在逻辑思维方面的时间较少。然而，逻辑思维能力对于女孩的健康成长也是十分重要的，它能够锻炼女孩的思考能力，促进大脑的发育。因此，父母可以有针对性地培养女儿的逻辑思维能力，例如，让女儿做一些合适的逻辑训练题，在课外阅读逻辑学书籍等。

礼貌是尊重，更是女孩气质的表现

礼貌是做人的基本准则，是一个人文化修养、思想道德、交际能力的外在表现。人们常常把“礼貌”这个词挂在嘴边，但真的是人人都做到礼貌待人了吗？各位父母不妨回忆一下，家里的“小公主”是否接受过礼貌教育呢？也许有的父母认为，礼貌是不需要特意强调的，孩子长大后自然会懂得，这其实是一种错误的认知。父母不能忽视自己的教育责任，要帮助女儿从小养成讲礼貌的好品质。

女孩往往比男孩更善解人意，更在乎别人对自己的看法，尤其是父母对自己的评价，因此女孩即使没有父母的约束，一般也会非常有礼貌，这导致有些父母放松了对女儿的礼貌教育。这种“偷懒”的做法不值得提倡，因为女孩的心智尚未成熟，容易受到外界不良因素的影响，所以要是缺乏父母的监管，就可能产生意想不到的结果。

此外，出于女儿对父母的敬畏，有些父母采取严厉甚至粗暴的态度来要求女儿讲礼貌，并为起到立竿见影的效果而沾沾自喜。实际上，这只是做了表面功夫，并没有掌握礼貌教育的精髓。只有女孩发自内心地认识到讲礼貌的重要性才能真正地有礼貌。良好的教育不是强迫女孩做什么、不做什么，而是教会她们什么是对、什么是错。礼貌的基本要求是尊重，父母的粗暴做法只能起到一时之用，并没有尊重女儿的独立人格，反而会让女儿觉得父母不讲礼貌。尽管表面上顺从父母的意志，但在内心深处，女儿可能并不懂得礼貌的重要意义，认为礼貌只是父母的要求，甚至产生厌烦情绪。研究表明，在粗暴的教育方式下成长的女孩，往往会产生叛逆心理，虽然她们小时候看起来很懂礼貌，但是在长大成人后却可能出现不讲礼貌的问题。

6 岁的晓彤是一个活泼好动的小女孩，但她有一个问题让妈妈很头疼，那就是不懂礼貌。于是，妈妈下定决心要在日常生活的琐事中教会晓彤懂礼貌。

一天，晓彤想喝橙汁了，就冲着妈妈大喊大叫："我想喝橙汁，快给我拿橙汁！"

妈妈假装没听见，希望晓彤懂得礼貌用语。

晓彤喊了好几遍，但是妈妈根本不搭理她，她就跑到妈妈身边问："妈妈，你没听到我想喝橙汁吗？"

妈妈说："我听到你喊了，但是我不清楚你究竟在喊谁，我还以为你在喊爸爸呢！"

晓彤拽着妈妈的手说："妈妈，给我拿橙汁。"

"你这样说不对。"

"为什么不对呢？"

"你应该说：'妈妈，您可以帮我拿橙汁吗？'"

晓彤重复了这句话，妈妈微笑着帮她拿来了橙汁。

晓彤很快就喝光了一杯橙汁，她把杯子随手放在桌子上，然后转身要出去玩。可是妈妈拦住了她，指着杯子说："还没完呢！"

晓彤看了一眼杯子，说："我已经喝光了啊。"

妈妈说："我知道你喝光了，但是还没和妈妈说'谢谢'呢。"

"为什么我要说'谢谢'呢？"

"别人帮助了你，你就应该说一声'谢谢'，这才是有礼貌的好孩子！"

晓彤妈妈就是这样在日常生活中教女儿礼貌待人的。

像晓彤一样不懂礼貌的女孩还有很多，他们的父母肯定非常头疼。

父母必须明白，只有当礼貌内化为女儿的做人原则时，才能说礼貌教育是成功的。如果礼貌不能成为女儿的内在修养，那么她们给人留下的印象也不会很好。日常生活中，我们有时可以见到一些女孩虽然小时候非常懂礼貌，听父母的话，非常乖巧，但是长大成人后却判若两人，完全失去了以往的文明气质。为什么会出现这种差别呢？一个重要原因就是父母是否做好了礼貌教育。真正的礼貌教育，不需要靠"大棒"来维系，而是像春风拂面那样使女孩感到舒适，让她们自觉省视内心世界，学会礼貌待人。父母开展礼貌教育，有以下两个方法可资借鉴。

（1）在家中使用文明用语

有些父母非常重视女儿在外面的表现，与人交流时都会提醒

“小公主”使用文明用语，比如，“谢谢”“不客气”“请”“对不起”“再见”等；但是在家中，这些父母却觉得文明用语不是必须使用的，索性放松了要求，这种做法并不可取。实际上，家庭生活对女孩的影响是很大的，家庭教育做得好，就能事半功倍。

佳佳是个懂礼貌的好孩子，老师经常夸奖她，其他孩子的父母羡慕不已。班里组织父母会，佳佳的妈妈上台发言，介绍了她教育女儿的办法，那就是在家中也要使用文明用语。佳佳的妈妈讲道，佳佳有一天在家里对着小狗说：“真笨！”当时妈妈觉得不可思议，连忙追问女儿这句话是从哪里学来的。女儿说：“昨天爸爸看球赛的时候，对着电视屏幕说了这句话。”妈妈找到爸爸询问原委，原来是爸爸支持的球队出现失误，于是这句话就脱口而出了。从那以后，佳佳的爸爸妈妈就开始注意自己在家中的言行举止。现在，佳佳无论是在外面还是在家中，都没再说过脏话了。

其实，父母与孩子的接触十分频繁，孩子会不自觉地模仿父母的言行举止。因此，父母要在家中树立讲礼貌的好榜样，做到内外一致，在家中也要使用文明用语。

（2）引导女孩感悟礼貌

礼貌是一种发自内心的行为，最好的做法是，父母通过自己的行为来引导女儿感悟礼貌。女孩就像娇弱的花朵，需要父母的悉心呵护，父母要给予正确的引导，才能保证女孩的健康成长。父母不能强制女儿像服从命令一样执行礼貌，否则会适得其反，看似卓有成效，实际上却只是表面功夫，起不到理想的效果。教育切忌揠苗助长，父母应该有耐心，不断引导女儿体会别人的情绪，感悟礼貌给人带来的温暖与美好。

甜甜今天过 7 岁生日，一家人都为她准备了生日礼物。其中，姑姑的礼物最大，而且装在一个精美的包装盒里，显得十分神秘。甜甜非常好奇，迫不及待地想知道里面究竟是什么，就拿起礼物，一把撕坏了包装盒，连“谢谢”也没有说。妈妈见状，转头对甜甜的姑姑说：“给甜甜送了这么贵重的礼物，还用这么精致的包装盒装起来，真是谢谢你啦！”听了妈妈的话，甜甜猛然意识到自己的行为很不礼貌，于是立即对姑姑说：“谢谢姑姑，您送的礼物我很喜欢！刚才我只顾着看礼物是什么了，没对您说‘谢谢’，还一把撕坏了包装盒，请姑姑不要见怪。”姑姑笑着点点头，说：“甜甜真乖！”

上述事例中，甜甜的妈妈就处理得非常好。她没有直接告诉甜甜应该怎么做，而是通过自己的话引起甜甜的反思，让女儿自己发现失礼之处并主动改正。很多时候，女孩可能只是暂时没有意识到自己的无礼，才会做出不礼貌的举动，因此父母不必强硬地要求女儿必须讲礼貌。引导女儿感悟礼貌，虽然做起来比较复杂，但是效果一定比直接训斥好得多。父母的引导可以让女儿主动感悟而非被动接受，这对女孩来说非常重要，有利于培养女孩的自觉意识，具有长远的成效。

你一定能行

夸出自信

1
床前明月光，疑是地上霜。
2
伊伊读得声音洪亮又富有感情。
是啊，伊伊朗读得真好听！
3
爸爸妈妈在夸我，那我再大点儿声。
4
妈妈，我在画画！
伊伊你画得这是什么啊？
5
是美丽的大自然，妈妈！
伊伊，你的想象力真丰富。
6

正确引导，帮助女孩顺利度过青春期

引导女孩正确认识青春期

青春期是指个体的性机能从还没有成熟到成熟的阶段，在生物学上是指人体由不成熟发育到成熟的转化时期，也就是一个孩子由儿童到成年的过渡时期。一般来说，女孩的青春期比男孩早，大约从 10 ~ 12 岁开始，而男孩则从 12 ~ 14 岁才开始。由于青春期是孩子特殊的成长时期，所以父母要让孩子正确地认识自己的生理特征，引导孩子健康成长。

比如，进入青春期的女孩，会面对很多身体上的变化。她们的女性待征开始明显显现，而面对自己的这种变化，很多女孩会手足无措，甚至陷入恐慌。

这个时候，女孩的父母，尤其是女孩的妈妈一定要做好对女儿青春期生理特征的教育准备，让她们能够正确面对，然后安全快乐地度过。

青春期的一个显著变化，就是身高和体重的迅速增长。在这之前，女孩的身高大约每年增长 3 ~ 5 厘米，这个时候则几乎加倍，以每年增长 6 ~ 8 厘米，甚至 10 ~ 12 厘米的速度增加。如果女孩想长得更高的话，一定要在这个长高的黄金时间加强锻炼，如打篮球和跑步等。这种身高的迅速增长大约持续两三年，主要是下肢骨的增长，在这之后就主要靠脊椎骨的生长长高了。

随着身高的迅速增长，体重也明显增加，平均每年可以增加 5 ~ 6 公斤甚至 8 ~ 10 公斤。这个时期的女孩往往显得比较丰满，有些女孩就一时不能适应这样的变化，老觉得自己太胖了。其实只要你注意观察一下周围的同龄人就会发现，她们中的大多数也常常跟你有相似的变化，这是发育过程中的正常现象，就不用想着去减肥了。

至于毛毛和乳房问题，这是女孩第二性征发育的必经阶段，当女孩 10 岁左右的时候，皮下脂肪就开始变厚，臀部变圆，乳房开始发育；11 ~ 12 岁：乳房继续发育、稍微鼓起，出现阴毛，声音变高、变细；13 岁：乳房显著增大，长出腋毛，出现月经；14~15 岁：乳房基本发育成熟，胸部丰满，手臂、臀部变圆，腰部相对较细，骨盆明显变宽，月经基本形成周期，脸上可能长青春痘。

最令女孩感到惶恐不安的就是月经问题了。月经，是当一个女孩生理发育到一定程度时，她的子宫内膜在卵巢分泌的性激素的作用下，发生周期性的剥离、出血现象。月经的出现掀开了女孩生命中新的一页，标志着她的身体开始成熟了。我们把女孩的第一次月经称为初潮。大多数的女孩初潮年龄是十二三岁，相差几年都是正常的，因为初潮年龄受着很多生理和身体因素的影响。

在我国，总的来说，城市女孩的初潮年龄要早于农村女孩，当代女孩的初潮年龄早于前代。这主要是由于营养的改善，以及现代都市丰富多彩的社会文化刺激所致。即使是同一班级的女生，月经初潮年龄也有很大的差异，有的女孩 10 岁左右就有了月经，而有的女孩初中毕业了还没有动静。这只是发育早晚的问题，发育到一定程度它就会自动出现，来得早的不用惊慌，来得晚的也不必担心。

陪伴女孩正确认识青春期、度过青春期，妈妈要做到：

（1）让女孩了解青春期的生理常识

青春期是小女孩走向大女孩的分水岭，面对发生在自己身上前所未有的变化的时候，小女孩往往会感到恐慌和害怕，这种情绪甚至能够导致女孩作出一些有悖于身体发育的事情，比如，含胸驼背，或者束胸等。妈妈告诉女儿青春期的生理常识，和女儿一起来了解女性的身体，这对女孩能够正确对待自己的身体变化是有帮助的。

（2）让女孩坦然面对月经问题

有的女孩担心每个月流那么多血会不会影响健康，其实经血并不是通常意义上的血，它是血液向身体提供养料后剩下的废物，来月经是不会伤元气的。有的女孩在初潮后的一段时间内月经常常没有规律：有的几个月不来，有的间断无规律或者是经期长短不一，或是经血多少不等。这也不用担心，一般来说，初潮到下一次月经的间隔时间在 9 个月以内都是正常的，而到正常周期月经的时间正常范围是两年内，毕竟这对身体来说也是一件大事，需要一段时间来完善发展。

让女孩学会自我保护

随着女孩一天天长大，父母们也开始担心，担心她们不能很好地保护自己。近几年，青春期的女孩受到侵害的社会性案件频繁发生，因此，提高青春期女孩的自我保护意识意义重大，父母、学校乃至社会都应该给予高度重视。

总结来看，女孩缺乏自我保护意识，首先是缺乏相关的教育，正因为涉世未深、阅历较少，所以才对一些潜在的危险认识不足，甚至身处危险而不自知。其次，青春期的女孩开始出现叛逆倾向，往往会将父母的关心和叮咛看作约束，所以内心抵触，与父母对着干。例如，父母叮嘱女儿不要和陌生男人来往，不要喝酒、去夜店，但有些女孩偏偏不听，父母越是干预，越是肆意妄为，结果害了自己。

必须看到，教育女孩自我保护不能太晚，当女儿进入青春期，身体开始发生变化时，父母就要有意识地让女儿了解自己的身体变化，向女儿传递正确的信息，别让女儿胡思乱想。女孩长到十几岁时身体会发生一些明显变化，如胸部发育、出现月经、阴部成熟。面对身体的这些变化，有些女孩，尤其是性格内向的女孩也许会感到手足无措，心里还会迷茫，不知道该怎么办。如有些女孩面对越来越大的胸部，会觉得羞愧，会开始在意别人的目光，尤其是异性。

对于女儿这些身体的变化，父母（尤其是妈妈）要及时察觉到，并委婉地让女儿知道，这些变化是生长的必然过程，不需要感到羞愧。妈妈除了要安抚女儿的心理，让女儿坦然面对身体的变化，还要教一些生理常识给女儿，让女儿知道如何应对。

当女儿能够接受自己的身体变化后，父母就要教女儿如何爱护自己了。有些父母管教女儿的方法过于粗暴，结果适得其反，不但没达到保护女儿的目的，还让女儿受到了伤害。

张淼 16 岁，是独生女，她的爸爸妈妈对她保护得无微不至，但对张淼来说，有些规定让她无法接受。他们对张淼明确规定：不能和异性出去玩儿，同学也不可以；晚上 8 点前必须回家，不能在外面逗留；不能和校外的人交往，尤其是男性；不能去一些娱乐场所。

有一次，张淼的同学小敏过生日，她请张淼和其他几个同学晚上去 KTV 玩儿，但爸爸和妈妈就是不同意，他们认为：KTV 鱼龙混杂，她们还是学生，不能去。而且时间是晚上，要玩到晚上 10 点，时间太晚，路上不安全。但张淼认为：虽然 KTV 什么人都有，但他们只待在自己的房间，而且同学较多，她不会出事。晚上回家，同学们已经约定结伴回家，而且会先把女孩们送回家，所以也不用担心。

虽然张淼竭力争取，但最终还是没得到父母的同意，聚会那天，张先生赶到学校将张淼接回了家。张淼很不开心，加上之前的种种束缚，张淼彻底爆发了。此后，她开始处处和父母的规定对抗，不仅结交校外不良青年，还经常出入娱乐场所，很晚才回家，虽然父母每次都严厉斥责，但无济于事。在父母看来，张淼学坏了，但他们根本无能无力，他们很担心张淼的安全，但又不能时时刻刻盯着。

从案例中可以看到，张淼父母的一些规定是为了保护女儿设定的，按时回家、不结交陌生人等，这样规定并没有问题，可以起到保护女儿的目的。但为什么结果不尽如人意呢？其实是张先生和太太的做法太极端，规定的目的是让女儿知道父母为什么这么规定，得到孩子的真正认同，而不是硬性规定。教育青春期的女孩是一个让人头疼的任务，这时候的女孩无论是心理还是情绪容易产生很大的浮动，这个时候父母要注意千万不能急躁，如果以硬碰硬触发了女儿的逆反心理，那么事情只会更糟。因此父母应该耐心地、循序渐进地和女儿沟通，多举些例子让她明白自我保护的重要性，如规定女儿按时回家，就可以和孩子讲一讲女孩夜晚遭遇侵害的社会案例，让女儿了解问题的严重性，自觉早回家。同时，对于特殊情况，应该放宽规定，尊重女儿的行为自由。

理解女孩青春期的逆反心理

叛逆心理是青少年成长过程中经常会出现的一种心理状态，是青春期少年的一个突出的心理特点。

进入青春期后，女孩在生理上发生了很大变化，身体逐渐开始发育成熟，心理上也产生了极大的变化，如果这个时候父母依然用教育小女孩的方式去训导女儿，必然会引起女儿的叛逆心理。

蓉蓉平日都是个非常听话的女孩，从来没留过披肩发，从来不和父母、老师顶嘴，从来不敢不完成作业，甚至从来没迟到过。但她上中学后的变化，却把父母吓了一跳。

上中学那天，蓉蓉的父母亲自把住校的女儿送到学校。走的时候，蓉蓉掉眼泪了。可蓉蓉走之后，并没有像父母对她说的那样，一天一个电话向父母汇报情况，让父母运筹帷幄。相反，蓉蓉就像风筝，从父母眼前飞走了。

蓉蓉的父母也没想到，这样一个让人省心的孩子，到了中学怎样忽然就变了一个人。蓉蓉给自己买了几身非主流的衣服，露着肚脐的，膝盖上破个洞的，肩膀耷拉下来的，再配上野性的腰带、粗粗的链子，乖乖女差点儿就变辣妹了。

不仅形象变了，连原来最看重的学习，蓉蓉都不在乎了。中学里的一些课程令人颇为失望，她开始“为所欲为”，上午的课不想上，就一觉睡到吃午饭的时间；下午的课不想上，就在校园里瞎溜达，累了就回宿舍睡觉。

离家前，蓉蓉的父母给她买了台手提电脑，希望能方便她学习，还一再嘱咐她，不要总上网，不要在网上交友，更不能网恋。爸爸还拿出几份不知道什么时候存下来的剪报，告诉她坏人如何利用网络骗钱骗色，要她一定学会自我保护。

蓉蓉当时全都口不对心地点头答应了，可到了中学，就像久旱逢甘霖，没有父母在背后盯着，蓉蓉一上网就刹不住，开头每天两小时，后来四五个小时，再后来就整宿都趴在网上。

后来，蓉蓉的父母隐隐感到女儿有点不对劲，但直到寒假来临，他们才发现蓉蓉发生了怎样的变化。蓉蓉的父母无法接受这个“粗野”“放任”“不求上进”的女儿，结果蓉蓉在和他们大吵了一架后，毅然回到学校。蓉蓉的父母真不明白，为什么从小那么听话懂事的一个孩子，到了中学却变得如此叛逆？

像蓉蓉的这种变化，在心理学上称为叛逆心理。孩子在一天天长大，随着年龄的增长，她们所接触的范围也跟着扩大起来。当然，她们的知识面也有所增加，慢慢地，她们就有了自己的价值观。当孩子有了属于自己的价值观，并且发现自己的价值观与父母不同，甚至还会遭到父母反对时，她们就会不那么亲近父母了。这个时候，如果父母还是把其当成小孩子一样说教，就会迫使她们产生反抗情绪，进而就有了反抗行为。

其实，叛逆是每个青春期孩子的共同特点，是孩子走向成熟的标志。每个孩子多少都会有些叛逆，但不同的孩子表现的叛逆程度不同，有的叛逆让你觉得她长大了，有的叛逆让你觉得她已经失去了掌控。

作为青春期女孩的父母，对于出现过错或性失误的女儿要及早察觉，给予理解和帮助，不可歧视、排斥或惩罚；不要求全责备，父母应认真反思，调整自己的教育方法。

作为父母，要给予女儿更多的关心和爱护，多和孩子交流沟通，这样才能让她健康成长，具体可以从以下几个方面来做：

（1）父母不要管得太多

当女孩长大了，就会变得有主见、有思想，不再是一只温顺的小猫，她开始接触世界，而她此时所接受的教育足以让她初步规划出自己的目标，形成自己的个性。她知道自己想做什么、不想做什么、喜欢什么、讨厌什么。因此，当父母再以成人的理念和标准来要求女儿时，便会产生碰撞。所以，有时候做父母的对女儿的事情不要管得太多，过分的关注只会引起女儿的反感。

（2）及时沟通，增进情感交流

情感交流是人类的本能需求。当父母发现女儿的兴趣会影响功课，或者做出一些小错误时，不要立即禁止，最好能多了解情况。只有进入女儿的内心世界，才能相处得更融洽。当父母与女儿相处融洽了，女儿自然就不会叛逆了。

（3）给予女孩更多的理解

“我这是为她好，孩子为什么就不能理解？”相信很多父母都会有这样的苦恼，自己把所有的爱都给了女儿，不但得不到女儿的理解，反而让女儿更加叛逆。

父母往往一味地将自己沉重的爱强加在女儿身上，殊不知女儿根本承受不起，从而令女儿对他们的爱“不领情”。其实，女儿可能需要的只是父母一个温柔的拥抱，一个鼓励的眼神，或是一句温暖的话语。

灵活应对女孩的早恋问题

早恋，也叫做青春期恋爱，指的是未成年男女建立恋爱关系或对异性感兴趣、痴情或暗恋。其实，青春期以前的所谓“好感”“喜欢”是不能称其为早恋的。受现代社会电视、广告、电影等媒介的影响，很多女孩在小学阶段就会产生性别意识，进而对异性产生好感。这时候的情感，大多是纯真的友谊，往往会随着年龄的增长渐渐趋于理性……

我们所定义的早恋，一般是指即将进入青春期或已经进入青春期阶段的非理性爱恋。

处在青春期的女孩，在同性同年龄人中形成亲密朋友关系的同时，由于性的萌动而导致对异性的关注和恋爱的感情，而且，这种关注会不断增强，以致对特定的异性萌发出爱慕之情是很自然的。父母应该信赖女儿，以朋友的身份、平等的地位与女儿谈心，帮助女儿处理情感波动的问题，是可以培育女儿约束自己的行动和生活的自觉性的。

早恋的危害，是人尽皆知的。特别是一些女孩的父母，更是视早恋为“洪水猛兽”。女孩父母们的担忧是有一定道理的：与男孩相比，因为女孩更注重关系和感情，所以女孩很容易在这段非理性的情感中受伤。

在这些不理智的“恋情”中，女孩往往扮演的是受害者的角色。于是一些看似有先见之明的父母，在女儿小的时候就向她灌输这样的思想：“别跟小男孩玩”“离男孩子远点儿”……听话的女儿真的按照父母的话去做了，不跟男生说话、不与男生交朋友，甚至对男老师也不理不睬，于是她们成了父母眼中最听话的“乖乖女”。但是，让这些父母想不到的是，青春期早恋的女孩大多都是“乖乖女”。

为什么会出现这种现象呢？专家指出，孩子到了青春期，都会对异性产生好感，都会对异性好奇，但这些“乖乖女”们从小接触的异性很少，所以她们的这种好奇和好感会更强烈，因此她们“早恋”的几率会更高。

对待女儿的“早恋”现象，“堵”是堵不住的，父母应该采用疏导的办法。以下几点可供父母参考：

（1）及时发现女儿的早恋倾向

对于早恋，早发现、早提醒、早帮助，是一种十分有效的解决方式。

以下问题，只要超过三项，父母就该格外留神了——你的女儿不一定正在恋爱，但一定有了早恋倾向：

她最近突然变得很爱打扮，并常对着镜子左顾右盼；她的学习成绩突然明显下降，并持续了一段时间；活泼好动的她开始变得沉默起来；她回家后喜欢一个人躲在房间里，不太喜欢和父母交流；

她对某位异性的名字特别敏感；她经常会在无意间谈起公园、溜冰场、音乐茶座等一些场所。

（2）让女儿理智对待早恋

一天，女儿对爸爸说："爸，我看上了班上的一个男生，他既帅学习又好，还特别会关心人，我能跟他在一起吗？"

父亲说："好呀，你能看上他，他能看上你吗？"

女儿有点儿不好意思地说："他看上我了。"

"这很好，你能被一个男生看中，说明你很优秀；你能喜欢上一个男孩，说明你已经长大了，眼界开阔了，会欣赏别人了。爸爸不会阻止你跟谁谈恋爱，但爸爸一定帮你把这件事情分析清楚：如果你以后想在咱们的这个小县城发展，就继续跟他交往下去；如果你以后想去大城市发展，就应该去大城市解决这个问题；如果你希望自己有一天能出国，那就应该根据自己的志向再去解决这个问题。"

女儿想了想，自己的梦想是当一名外交官，能够在世界各地飞来飞去，如果现在就把自己的归宿定在了这个小县城里，的确有点为时过早了。

想明白了这些后，女儿很快就放弃了那段不理智的感情。

青春期女孩的恋情大多都是不理智的，她们只是想眼前，根本不会考虑以后。这时，父母应多提提她们的理想，或讲讲当年自己或自己周围人的故事，告诉她们这样一个道理：这段恋情是美好的，但你们的眼光是不长远的，如果过早地把自己束缚起来，你们将失去更多更美好的东西。

如果父母能使女儿真正明白这些道理，相信女儿不但会理智地放弃这段感情，还会对自己的理想和目标更坚定。

（3）告诉女孩，影视作品中的爱情是不现实的

女孩都是喜欢浪漫的，她们常常会被某些电视剧或电影中浪漫而又勇于奉献的爱情感动得痛哭流涕，但往往也正是这些媒体在误导着她们的恋爱观。女孩是爱幻想的，有时她们甚至会把自己想象成那个浪漫故事里的女主角，这时父母很有必要告诉女儿：那仅仅是在童话或故事里才会有的。这会帮助女儿树立正确现实的恋爱观。

让青春期的女孩正确与异性相处

小雪进入青春期之后，与异性朋友的交往出现了问题，每当有男生来找她问问题，或者邀请她参加活动时，她就会满脸通红，话都说不出来。后来，小雪慢慢地只和女孩玩，完全没有男性朋友了。小雪喜欢写诗词，有的还在市级刊物上发表了。有一次，隔壁班的一个男生偶然间读到了小雪的诗词，对小雪的才华很欣赏，于是就给小雪写了封信，信上是一首诗，表达了这个男生对小雪的赞赏之情。结果，小雪收到信后不但不知如何回应，每次见到那个男生还特意低着头走。

其实，小雪并不讨厌异性，她也想有一些异性朋友，但不知道为什么，她每次和异性接触时都会感觉不好意思，弄得彼此都很尴尬，她为此苦恼极了。

其实小雪的这种情况比较常见，很多女孩在青春期时，对异性的态度都会发生变化，这是一种正常的现象。实际上，这种现象并不是坏事，它意味着女孩的身心发展到了新的阶段，在尝试着建立一种新型的人际关系。之所以在这个时期会出现很多尴尬的情况，是因为女孩没有类似的经验，并且往往易于害羞，很多时候对涉及异性的问题羞于开口。只要周围的人善于引导，每个女孩都可以顺利度过这一阶段而成长。

中国父母往往对青春期的女儿与异性交往非常敏感，担心女儿会“早恋”。妈妈往往不让女儿跟异性走得太近，也不鼓励女儿结识异性朋友，这种教育方式其实并不正确，这对女孩处理两性关系非常不利。

女孩不仅需要同性朋友，也需要异性朋友。调查发现，异性朋友能给女孩带来很多好处，如提升理解力和宽容度、获得安全感、掌握社交技能、获得与他人友好相处的经验、培养诚实的道德观等。妈妈在鼓励女儿与异性交往的同时，还应教授给女儿各种与异性交往的原则，例如，不能回家太晚，不能与异性太过亲昵，这样不仅能够满足女孩青春期与异性交往的好奇心，也能让女孩不致受到危险。下面是关于父母如何教导女儿与异性交往的几点建议。

（1）告诉女孩多交异性朋友的益处

女孩多与异性交往有很多好处。女孩进入青春期后，希望与异性多交流，在与异性的交流中，女孩能够掌握两性交往的技能，获得持续的安全感。而且，女孩在与异性相处时会有更多的愉悦感。女孩多与异性交往，能够让自身的理解力增强，让女孩变得更加从容大度，对自我的评价也更客观、公正，也有助于女孩形成健康的两性交往意识。

（2）学会尊重异性、自珍自爱

女孩与异性接触时，要尊重对方，只有自尊自重，才能相互爱护、关心，才能得到对方的尊重、欢迎。不可互相辱骂，故意挑刺，这些都是不正确的交流方式。女孩在与异性接触时，要尊重异性、自珍自爱才能被人喜欢。不恰当的言行会影响女孩的个人形象，也会使女孩的人际关系恶化。

（3）多采用群体、公开的方式交往

女孩要注意广交异性朋友，而且交往场所要选在公开的地方，不应长期和单一异性交往。女孩多与异性进行群体、公开的交往，能够锻炼与异性交往的能力。

（4）培养女孩健康的异性交往意识

女孩在与异性交往时要有健康的交往意识。不必太过拘束，应该像与女性朋友一样大方、自然，过分拘束反而让人产生不快。女孩在与异性相处时，不宜太过随便，避免过分亲昵，也不宜太过冷淡。妈妈应教导女儿，无论对方是男性还是女性，都应该友好相处，只有这样才能培养健康的异性交往意识。女孩才能够更理性地、更成熟地处理两性关系。

（5）不要轻易判定女孩在“早恋”

女孩与异性交往过程中，妈妈往往会特别紧张。现在独生子女很多，女孩往往从小就一个人，比较孤独，女孩与异性交往多数只是想找一个人陪她玩，并不是要“早恋”。女孩与同龄异性间更容易产生好感，这是一种正常现象，父母不必过分担心。妈妈不要把女儿同异性交往都视作“早恋”。妈妈过于敏感的神经，会影响女儿与异性之间的沟通。妈妈对女儿青春期的“早恋”如果处理不当，就很有可能产生亲子矛盾，造成家庭不和谐。

爱情不要太早

同学，这个还给你吧！
好难过。
我觉得喜欢一个人本身就很美好，虽然有点儿遗憾，但没关系。
我要变得更优秀，让他刮目相看！
我们现在还不到谈恋爱的时候，学习才是我们关注的重点。
加油！
哈哈，你说的对。

不要一谈男生就色变